供电所安全管理指导手册

主编　贾延海

中国科学技术大学出版社

内 容 简 介

本书按照国家相关法律法规、规章制度及相关文件要求，从安全目标管理、安全计划管理、安全教育培训管理、安全工器具管理、应急能力管理、隐患管理、安全责任清单体系等17个方面对供电所的日常安全管理内容、管理流程、管理要求进行了梳理，对重点要求作了标注和说明，使供电所的安全管理流程更清晰、形式更简洁、记录更统一，可帮助和指导供电所安全管理人员规范开展各项安全管理工作。

图书在版编目(CIP)数据

供电所安全管理指导手册/贾延海主编．—合肥：中国科学技术大学出版社，2018.12
ISBN 978-7-312-04618-6

Ⅰ．供…　Ⅱ．贾…　Ⅲ．供电—工业企业管理—安全管理—中国—手册
Ⅳ．F426.61-62

中国版本图书馆CIP数据核字(2018)第285905号

出版　中国科学技术大学出版社
安徽省合肥市金寨路96号，230026
http://press. ustc. edu. cn
https://zgkxjsdxcbs. tmall. com
印刷　合肥市宏基印刷有限公司
发行　中国科学技术大学出版社
经销　全国新华书店
开本　787 mm×1 092 mm　1/16
印张　7.25
字数　142千
版次　2018年12月第1版
印次　2018年12月第1次印刷
定价　50.00元

本书编委会

主　编　贾延海

副主编　高方景

编　委　丁大鹏　王新建　沈哲夫　孙　晔
　　　　邓飞飞　张　军　陈建方　杨正好
　　　　范　征　姚维岭　圣昌骏　孙向东
　　　　陈美权　赵　磊　陈振锋　戚圣海
　　　　夏根锁

前　言

近年来，随着安徽省电力公司体制改革的不断完善，以及供电所低压运维责任人、设备主人、客户经理“三合一”和配电队的设备主人制等工作机制的建立，省市电力公司对供电所的安全管理要求越来越严格，供电所的安全管理职责越来越细化，供电所的工作界面、工作内容、工作流程也发生了不同程度的变化。

为适应省电力公司高标准、严要求的工作节奏，规范供电所的安全管理，提升供电所安全管理水平，马鞍山市供电公司围绕安徽省电力公司营销安全稽查范围和内容，从17个方面对供电所的日常安全管理内容、管理流程、管理要求进行了梳理和统一，以模板形式编制成手册，对重点要求作了标注和说明，使供电所的安全管理流程更清晰、形式更简洁、记录更统一，以帮助和指导供电所安全管理人员规范开展各项安全管理工作。

本指导手册部分内容如安全日活动、安全教育培训、工器具管理等可供省市电力公司其他生产班组参考，同时该手册也是省市电力公司各管理部室指导、检查、考核评价供电所相关工作的依据。

作　者
2018年8月

目　　录

第1章　供电所安全目标管理

1.1　管理流程

供电所安全目标管理流程如图1.1所示。

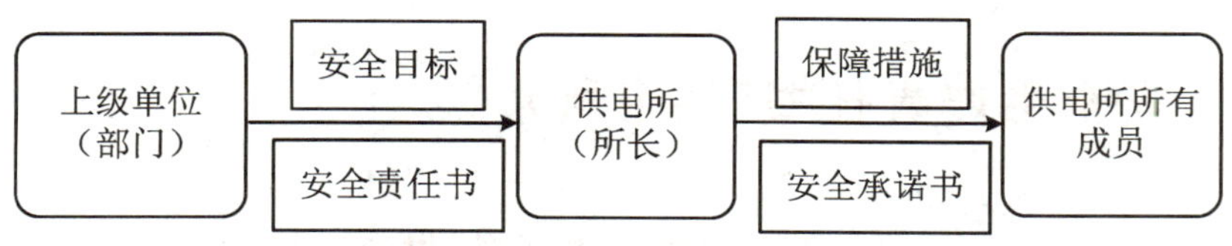

图1.1　供电所安全目标管理流程

1.2　管理要求

（1）年度安全目标的确立采取上级对下级逐级下达的方式进行。

（2）每年年初，供电所所在单位（部门）根据本单位（部门）年度安全目标，逐项分解并下达所属供电所的年度安全目标，单位（部门）负责人与所属供电所所长签订供电所安全责任书。责任书一式两份，供电所所在单位（部门）、供电所各执一份。

（3）供电所围绕所在单位（部门）下达的年度安全目标，结合本所安全工作实际，制定实现本所年度安全目标的保障措施。保障措施要体现上级单位年度重点工作和措施要求，做到上下贯通、真正落地。

（4）供电所按照“一级保一级，下级保上级”的原则，根据所在单位（部门）下达的年度安全目标，所长与供电所所有成员签订安全承诺书，安全承诺书一式两份，所长、供电所成员各执一份。

（5）供电所制定安全目标考核规定，每月对保障措施执行情况、班组成员安全承诺履行情况进行检查，并纳入月度绩效评价，兑现奖惩。

1.3 参照文件

(1)《国家电网公司安全工作规定》[国网(安监/2)406-2014]。

(2)《国网安徽省电力有限公司安质部关于进一步规范班组安全管理记录的通知》(安质工作〔2018〕15号)。

1.4 参考模板

1.4.1 安全生产责任书(供电所)

2018年安全生产责任书(供电所)

考核单位:国网××县供电公司

被考核单位:××供电业务部

为认真贯彻落实省、市、县公司年度安全生产工作会议精神,安排部署落实好2018年安全生产工作重点,确保全面完成年度安全生产工作目标,特签署本责任书。

一、乙方安全生产责任目标

1. 本单位及所辖范围内各类工程不发生七级及以上人身事故。

2. 不发生八级及以上电网、设备事件。

3. 不发生火警事件。

4. 不发生涉及违规外联事件。

5. 不发生本单位负主要责任的一般交通事故。

6. 不发生其他对公司和社会造成重大影响的事故(事件)。

7. 不发生本单位负主要责任的农电触电伤害事故。

8. 不发生各类安全、突发事件,各类报表、总结以及相关材料的迟报、漏报、瞒报事件。

二、责任与权益

1. 对责任书所规定的各项内容，根据年终考核结果，公司按照业绩考核管理办法兑现业务部所应得的奖励。

2. 在履行责任书期间如遇国家宏观政策调整，省、市公司指标调整以及公司作出新的目标管理要求或其他重大不可预见因素，甲方有权对有关考核指标和内容作相应调整。

三、附则

本责任书经双方签字生效，执行期自2018年1月1日至2018年12月31日。

本责任书一式两份，双方各执一份。

甲方：国网××县供电公司　　　　乙方：××供电业务部

责任人(签字)：　　　　责任人(签字)：

年　月　日　　　　年　月　日

1.4.2　员工安全生产承诺书

国网安徽省电力有限公司员工安全生产承诺书(2018年度)

单位：国网××电公司　　部门(专业室)：××供电所　　承诺人：王××

安全是企业健康发展的基石，关系到员工的健康与家庭幸福。为保证自身及他人身体健康、生命及财产安全，防止和减少安全事故事件发生，作为电力职工，本人对自己、对家庭、对企业郑重作出以下承诺：

1. 坚持“安全第一、预防为主、综合治理”的安全生产基本方针，自觉遵守《中华人民共和国安全生产法》等国家安全生产法律法规以及《国家电网公司电力安全工作规程》等上级单位和本单位安全生产规章制度。

2. 全面掌握并认真履行本岗位安全职责，具备安全生产基本知识和安全技能，遵守《国家电网公司电力安全工作规程》《国家电网公司生产现场作业“十不干”》和现场其他各项安全工作规范和要求，接受各级组织的安全教育培训与考试考核，具备基本安全素质。

3. 认真做好作业准备工作。落实“三措一案”“两票三制”等各环节工作要求。做到认真勘察，不缺少关键安全事项；“三措一案”“安全交底”等作业文本内容与实际工作结合紧密，有针对性；工作票、操作票填写、签发正确、规范，不遗漏必要的安全措施；保证组织措施安全和技术措施正确、规范。

4. 严格执行变电站和配电设备倒闸操作要求，不擅自使用万能钥匙进行解锁操作，不擅自更改操作票，不跳项、漏项操作，坚决杜绝“误分(合)开关，带负荷拉(合)闸刀或手车触头，带电挂(合)接地线(接地闸刀)，带接地线(接地闸刀)合开关(闸刀)，误入带电间隔”。工作许可前须确认符合工作安全条件，杜绝盲目许可安全措施不完备的现场。

5. 作为工作负责人，开工前认真开展安全交底，作业中落实安全过程监护。作为工作班组成员，施工期间做到“作业任务清楚，作业危险点清楚，作业程序清楚，安全措施清楚”；进入作业现场要戴安全帽，牢记并落实“停电检修作业要停电、验电、挂接地线；撤杆撤线要设临时拉线；登杆前要核对杆号、检查杆根，高处作业要系安全带”等安全要求，同事之间互相关心工作安全，工作中服从安全生产管理，听从正确指挥，未经派工或未经允许不擅自开展现场工作。全面规范自己的作业行为，防止触电、高空坠落、倒(断)杆。

6. 正确使用合格的安全工器具，正确操作施工机械和设备，正确佩戴和使用劳动防护用品。保证工作场所安全措施完好，不违反安全措施的约束，遵守安全标识的指示，不随意拆除安全防护装置。

7. 牢记“违章就是事故之源，违章就是伤亡之源”，坚决反对“违章指挥、违章作业和违反劳动纪律”，做到“不伤害自己，不伤害他人，不被他人伤害，保护他人不受伤害”。

8. 学会紧急救护法，特别是触电急救、心肺复苏方法，严格执行“正确脱离电源，科学施救”的要求。

9. 积极参加应急演练，掌握与本人工作相关的应急预案和现场处置方案。

10. 积极参加安全分析会或班组安全活动会，学习上级关于安全的各项要求。分析事故通报、事故案例，并学习反事故措施要求，分析讨论现场违章及事故事件情况，结合实际吸取教训，改进工作方式方法，认真排查、积极整改安全隐患，防范由人员责任导致的安全事故事件。

11. 积极参与公司安全文化建设，努力营造“人人重安全、人人懂安全、人人保安全”的安全文化氛围，养成正确的安全价值观和良好的工作习惯。

若违反上述承诺及公司安全规章制度要求，本人愿意承担相应责任，接受问责、处罚。

本承诺书一式两份，经双方签字后生效，承诺人所在单位（部门）和承诺人各一份，执行期限自签订之日起至2018年12月31日。

负责人（签字）：　　　　　　　　承诺人（签字）：

年　月　日　　　　　　　　　　年　月　日

1.4.3　供电所实现安全目标保障措施

××供电所2018年度实现安全目标保障措施

为认真贯彻落实国家电网公司和省、市、县公司关于2018年安全生产工作要求，坚持"安全第一、预防为主、综合治理"的方针，保证员工在电力生产活动中的人身安全，保证电网安全可靠供电，保证所辖的资产免遭损失，根据营销部下达的供电所年度安全目标，特制定实现供电所年度安全目标的保障措施。

一、安全目标

1. 本单位不发生轻伤及以上人身事件。
2. 不发生八级及以上电网、设备事件。
3. 不发生火警事件。
4. 不发生涉及违规外联事件。
5. 不发生本单位负主要责任的一般交通事故。
6. 不发生其他对公司和社会造成有影响的事故（事件）。
7. 不发生本单位负主要责任的农电触电伤害事故。
8. 不发生各类安全、突发事件的迟报、漏报、瞒报事件。

二、保障措施

1. 加强作业现场安全管控。严格执行《国家电网公司电力安全工作规程》、倒闸操作"七要八步"、国家电网公司"十不干"等基本制度。严格履行工作现场工作安全职责，规范履行工作许可手续。加强工作现场安全监督，每周制定所长、安全员现场监督计划，严格按计划履行到位监督职责，现场监督计划执行率达到100%，违章和问题整改率达到100%。

2. 深入排查治理安全隐患。认真组织开展并按时完成专业室下达的专项隐患排查任务。结合日常运维工作、季节特点、各类事故暴露的问题等，常态组织开展隐患排查治理工作。重点排查“两票”执行、工作许可、设备设施、消防交通、人员行为等方面的隐患，整改计划完成率达到100%。

3. 加强全员安全教育与安全知识、技能培训。积极组织开展《国家电网公司电力安全工作规程》、“两票”等安全基本制度培训、学习，结合班组安全日活动。结合事故案例学习、违章分析，学习安全基本制度，提高全员安全意识与安全知识水平。开展安全技能培训，围绕安全基本制度要求在作业现场的正确执行开展现场实训，提高全员安全技能水平。全员安全培训率达到100%，年度《国家电网公司电力安全工作规程》考试参考率、合格率达到100%。

4. 大力开展安全生产反违章。严守安全红线，及时自查违章行为，开展违章分析，制定落实整改措施，闭环管控。违章分析率达到100%，整改完成率达到100%，杜绝严重违章、习惯性违章。

5. 提高设备设施巡视质量。严格按要求使用设备巡视标准化作业指导书，规范开展设备、设施特别是安全设施巡视，对发现的隐患、缺陷进行认真分析、判断，及时汇报处理，所辖设备、设施巡视到位率达到100%。

6. 加强信息网络安全工作。签订信息网络安全责任书，开展信息安全教育，提高班组人员信息安全意识。贯彻执行《国家电网公司信息安全反违章手册》相关要求，规范使用移动存储介质及软件，杜绝违规外联及违规使用与工作无关的软件或非正版软件。

7. 提高班组成员交通安全意识与遵章守纪的自觉性。督促兼职驾驶人员定期开展车辆检查维护保养及出车前检查，确保车辆安全状况良好。加强出车前驾驶人员状态检查，严禁酒后驾车、疲劳驾驶；行车途中必须按规定速度行驶，如遇雨雪雾等恶劣天气应减速行驶，杜绝各种违章驾驶行为。班组兼职驾驶人员、班组成员相互提醒，共保交通安全。

8. 全面排查辖区内跨鱼塘线路警示牌悬挂情况和三级漏保安装使用情况，同时加强电力设施保护和安全用电宣传工作，大力开展压降社会人员触电工作。

9. 深刻吸取各类事故、教训。针对各类事故案例暴露的问题，结合本班组实际，制定并落实各项安全防范措施。对本班组发生的不安全事件，按照“四不放过”的原则，认真组织分析，查找存在的问题，制定并落实整改措施。不安全事件分析率达到100%，整改完成率达到100%。

第2章 “月、周、日”计划管理

2.1 管理流程

2.1.1 月计划

月计划管理流程如图2.1所示。

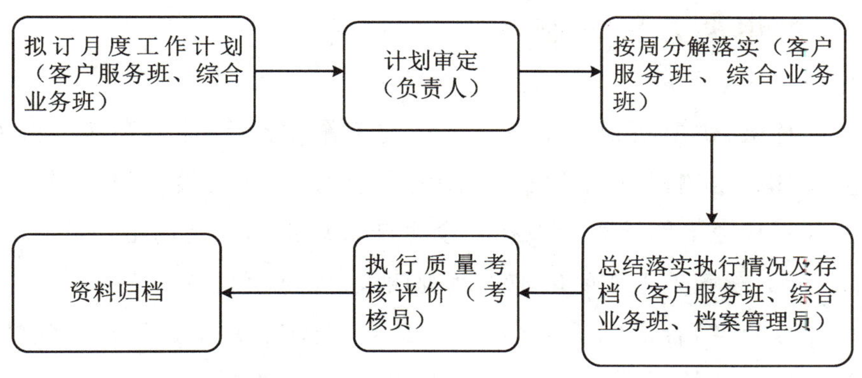

图2.1 月计划管理流程

2.1.2 周计划

周计划管理流程如图2.2所示。

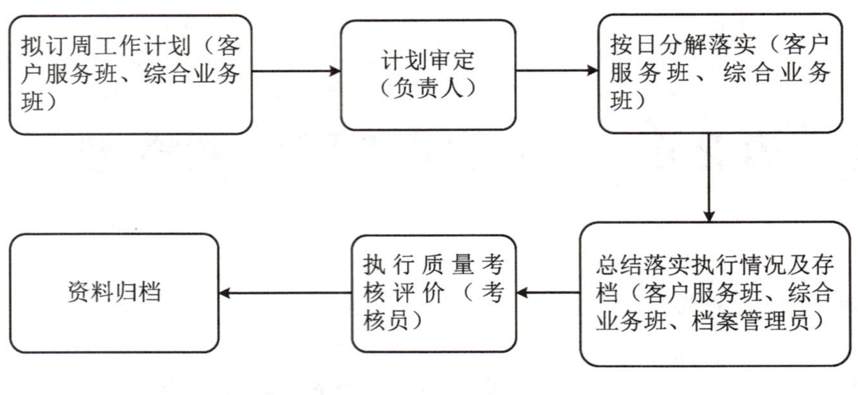

图 2.2 周计划管理流程

2.2 管理要求

2.2.1 供电所月计划制定

（1）上月月末，供电所根据本单位下达的工作任务，结合本班组实际及例行工作、薄弱环节（如日常巡视发现的问题、隐患）等，制定下月月度工作计划。

（2）供电所月度工作计划应包括安全生产管理工作和现场工作计划，覆盖当月安全生产所有工作，各项工作明确到周及责任人，按照标准要求实施。

（3）每月月初，结合供电所工作情况，通报、点评上月工作计划落实情况，分析计划落实过程中存在的问题，制定落实整改措施，详细布置本月工作。

2.2.2 供电所周计划制定

（1）每周周末，供电所根据月度计划，结合最新工作要求，制定下周安全生产工作计划，组织有关人员加以落实，实时管控计划落实进度，及时协调解决计划落实过程中出现的问题，确保每项工作计划能落实到位。

（2）对于周计划未按期完成的，应滚动纳入下周工作计划。

（3）供电所结合周安全日活动，通报、点评上周工作计划落实情况，分析计划落实过程中存在的问题，制定落实整改措施，详细布置本周工作。

2.2.3 供电所日计划制定

(1) 供电所根据周计划及实施进度,结合最新工作要求,制定日计划,明确人员分工。

(2) 对于当日现场作业,日计划应反映该现场存在的主要风险、防控措施及注意事项。

(3) 供电所可通过日例会形式记录、通报、点评昨日工作计划完成情况,分析存在的问题,制定落实整改措施,详细布置当日工作。

2.2.4 计划执行情况考核与归档

(1) 供电所将计划执行情况纳入月度绩效评价,对于无计划擅自开展工作的应严肃处理。

(2) 供电所将月、周计划完成情况及日例会记录及时整理归档。

2.3 参照文件

(1)《国网安徽省电力公司关于进一步规范安全生产例会的通知》(电安监工作〔2015〕201号)。

(2)《国网安徽省电力有限公司安质部关于进一步规范班组安全管理记录的通知》(安质工作〔2018〕15号)。

2.4 相关模板

2.4.1 供电所月度计划

××(单位)2018年度9月工作计划

填报日期:2018年8月31日

序号	工作内容	责任人	工作时间	备注
1	台区漏电保安器的运行管理,定期测试	各分管客户经理	2018年9月1日—9月30日	
2	台区用户中保、户保的抽查测试	各客户经理	2018年9月1日—9月30日	
3	三里羊后台区,庄东台区,福山沙垛新建台区,50#老庄高坝、61#轧花厂、152#柘林袁村公变下火线改造外包施工现场安全监督	陆×、韩××	2018年9月1日—9月30日	
4	低压线路巡视,JP柜检查	××、××、××客户经理	2018年9月1日—9月30日	
5	按计划开展安全生产大检查活动	强××、陆×	2018年9月1日—9月30日	
6	每周开展“安规”“两票”培训及考试	强××、陆×	2018年9月1日—9月30日	
7	每周定期开展安全日活动及月度安全分析会	强××、陆×	2018年9月1日—9月30日	
8	认真做好9月份抄表复核、电费回收工作;继续推广费控用电工作	霍×、高××	2018年9月1日—9月30日	
9	对高损台区进行原因排查	高××、贾××及各分管客户经理	2018年9月1日—9月30日	
10	用户报装表计安装	××、××、××客户经理	2018年9月10日—9月15日	

审核:××(负责人)　　　　汇总:××(安全员)

2.4.2 周计划

××(单位)2018年第36周工作计划(9月4日至9月10日)

填报日期:2018年9月1日

序号	工作内容	责任人	工作时间	备注
1	台区漏电保安器的运行管理,定期测试	××、××、××客户经理	9月4日—9月7日	
2	台区用户中保、户保的抽查测试	××、××客户经理	9月4日—9月8日	
3	三里羊后台区、庄东台区、61#轧花厂公变下火线改造外包施工现场安全督查	陆×、韩××	9月4日—9月10日	
4	组织开展“安规”培训及考试	陆×	9月8日	
5	开展安全活动日	陆×	9月8日	
6	按计划开展安全生产大检查活动	强××、陆×	9月4日—9月8日	
7	继续推广费控用电工作	××、××、××客户经理	9月4日—9月8日	
8	组织对高损台区进行原因排查	××、××、××客户经理	9月4日—9月8日	
9	低压线路巡视,JP柜检查	××、××、××客户经理	9月4日—9月9日	
10	××、××等用户电表安装	××、××、××客户经理	9月4日—9月10日	

审核:××(负责人) 汇总:××(安全员)

2.4.3 日例会(模板)

日　例　会

地点:××供电所一楼会议室　　　　　　　　日期:2018年×月×日

天气:晴　　　　　　　　　　　　　　　　星期:三

主持人:孙××(所长)　　　　　　　　　　记录人:周××(安全员)

参会人员:王××、李××、赵××、钱××、周××、吴××、郑××、刘××、姚××

会议记录:

1. 昨天工作点评

昨天安排的10项工作,完成9项,有1项工作未完成;赵××与钱××悬挂钓鱼警示牌工作,有一条分支线未挂完,今天继续。其他工作完成较好。

2. 今日工作安排

(1) 王××、李××进行××线路巡视,在工作中应注意……

(2) 赵××、钱××对××线路跨鱼塘处悬挂钓鱼警示牌,在工作中应注意……

(3) 接95598通知,××村多处居民无电,周××、吴××去现场处理故障,在处理过程中应注意……

(4) 郑××对××公司在××台区农网升级工程进行现场安全督查,督查中应注意……

(5) 刘××、姚××对××小区进行表计新装和轮换工作,在工作中应注意……

(6) 周××整理本月安全相关资料,做好公司安质部本月安全考核工作。

第3章 安全教育培训管理

3.1 管理流程

安全教育培训管理流程如图3.1所示。

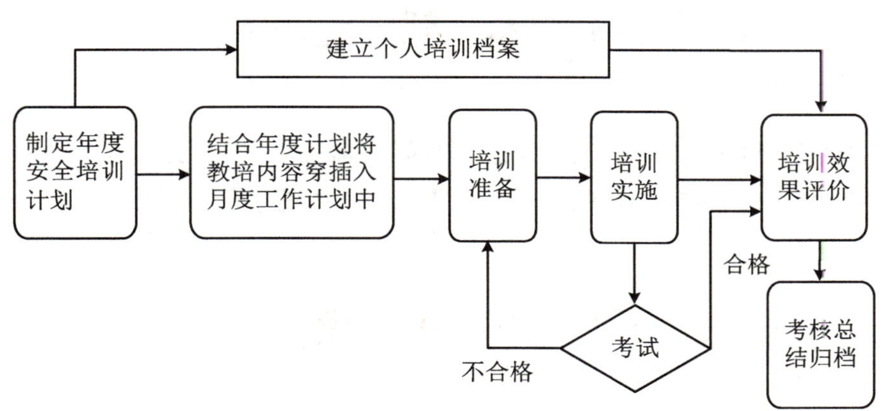

图3.1 安全教育培训管理流程

3.2 管理要求

(1) 制定班组年度安全教育培训计划。班组应结合本班专业实际和工作特点,制定年度安全教育培训计划,明确责任人和时间节点要求,不断提高班组成员的安全技能水平。

(2) 培训重点内容:

① 安全生产法律法规、行业标准和国网公司、省公司及本单位相关规章制度。如《国家电网公司电力安全工作规程》中相关内容、《国家电网公司生产作业安全管控标准化工作规范(试行)》、"两票"管理规定等。

② 岗位安全技能。各类安全工(器)具、施工机具的使用和维护,倒闸操作规程,相关作业方法、工艺流程等知识技能。

③ 还应包括消防知识、应急管理、触电急救等方面的培训。

(3) 培训实施:

① 班组应根据年度培训计划,由确定的责任人员组织开展相关培训;对新进员工(包括代培、实习生、离岗3个月以上的人员等),开展班组安全培训教育。

② 所有人员必须参加安全规程培训,考试合格后方可上岗,严禁安排考试不合格人员参与现场工作。

(4) 培训档案。班组开展的培训应留存过程档案(如参培人员签到表、培训教材、培训试卷、影像资料等),考试结果纳入培训档案管理。

3.3 参照文件

(1)《国家电网公司安全工作规定》[国网(安监/2)406-2014]。

(2)《国网安徽省电力有限公司工作票"三种人"资格管理要求》。

3.4 相关模板

3.4.1 年度教培计划(模板)

××(单位)2018年度安全培训计划表

序号	培训内容	培训人	培训对象	培训时间	备注
1	各岗位人员安全责任规范培训	王××	全所人员	1月	
2	电力安全工作规程、"两票"知识培训	李××	全所人员	2月	
3	开展安全工器具规范使用培训	赵××	客户服务班	3月	
4	触电解救及心肺复苏方法培训	钱××	全所人员	4月	根据公司安排

续表

序号	培训内容	培训人	培训对象	培训时间	备注
5	“两票”正确填写培训	周××	“三种人”及一般工作人员	5月	
6	漏电保护器管理知识培训	吴××	管理人员及客户经理	6月	
7	消防知识、消防演练、灭火器正确使用培训	郑××	全所人员	7月	
8	恶劣天气线路故障抢修应急演练	刘××	客户服务班	8月	
9	迎峰度夏演练及应急处置培训	姚××	客户服务班	9月	
10	电力设施保护知识培训	黄××	客户服务班	10月	
11	电力安全工作规程、事故案例分析	杨××	客户服务班	11月	
12	电力法律法规知识培训	张××	全所人员	12月	

审核:×××(负责人)　　　　　　制表:×××(安全员)

3.4.2 ××教培试卷(模板)

××(单位)××月安全规程学习模拟试卷

(配电部分)

单位__________　　姓名__________　　得分__________

一、单选题(20题,每题1分计20分)

1. 凡装有攀登装置的杆、塔,攀登装置上应设置(　　)标示牌。

A. “止步,高压危险!”　　B.“禁止攀登,高压危险!”

C. “从此上下!”　　D.“有电危险!”

2. 装设于(　　)的配电变压器应设有安全围栏,并悬挂“止步,高压危险!”等标示牌。

A. 室外　　B. 室内　　C. 柱上　　D. 地面

3. 装设于地面的配电变压器应设有安全围栏,并悬挂(　　)等标示牌。

A. “止步,高压危险!”　　B. “禁止攀登,高压危险!”

C. “从此上下!”　　D. “有电危险!”

……

二、多选题(10题,每题2分计20分)

1. 工作许可后,工作负责人、专责监护人应向工作班成员交代(　　),告知危险点,并履行签名确认手续,方可下达开始工作的命令。

A. 现场电气设备接线情况　　B. 工作内容

C. 人员分工　　D. 带电部位　　E. 现场安全措施

2. 检修人员(包括工作负责人)不宜(　　)高压配电室、开闭所等带电设备区域内。

A. 单独进入　　B. 单独滞留在

C. 两人进入　　D. 两人滞留在

3. 工作票签发人、工作负责人对有(　　) 的工作,应增设专责监护人,并确定其监护的人员和范围。

A. 触电危险　　B. 很大量

C. 检修(施工)施工复杂容易发生事故　　D. 涂写杆号

……

三、判断改错题(5题,每题4分计20分)

1. 使用安全帽时,应将下颏带系好,防止工作中因前倾后仰或其他原因造成滑落。

2. 雨天在户外操作电气设备时,操作杆的绝缘部分应有防雨罩或使用带绝缘子的操作杆。

……

四、简答题(2题每题10分计20分)

1. 配电巡视人员在巡视中发现高压配电线路、设备接地或高压导线、电缆断落地面、悬挂空中时,应如何处置?

答:

2. 使用临时拉线的安全要求有哪些？

答：

五、案例分析（1题，计20分）

2016年7月19日，合肥安联电力工程有限公司（以下简称安联公司）在实施石台县10kV大演121线30#杆至34#杆电杆校正工作前发生一起人员触电意外死亡事故。

1. 事故经过

10kV大演121线改造工程是2015年新增农网改造升级工程，工程内容是将原10kV大演121线改造为10kV大演121线和牯牛降123线同杆双回线路。6月底，新建线路自#43塔往大号侧方向123线单回线路带电运行，#43塔往小号侧方向工程尚未竣工。因7月初当地山洪暴发，工程未竣工段受洪水冲刷导致部分电杆歪斜，石台县公司安排安联公司在7月19日对新建线路30#至34#电杆进行校正，计划工作时间为当日7:00至18:00。

7月19日早上6时56分，仙寓配电队队长丁××与调度联系，申请拉开10kV牯牛降123线#41杆跌落保险。在与调度员通话过程中，调度员陈××说35kV利源变（123线路上级电源）母线发现接地现象，持续约20秒后恢复正常，随后告知丁××可以进行停电操作。仙寓配电队张××按调度许可拉开10kV牯牛降123线#41杆跌落保险，7时10分在42#杆挂上接地线并汇报调度。7时13分，丁××接到电话得知有人触电，他随即打电话询问工作负责人宋××，宋××现场核实后回复电话：在123线路没有停电的情况下，有一名施工人员私自爬上了#43钢管塔（此塔121线和123线同杆架设）导致触电。

事后调查得知，早上施工人员到达施工地点附近待命，工作负责人宋××告知全体工作人员："现在没有停电，不可以上杆作业，我去看看操作情况，等我回来再安排工作。"约6时55分，死者杨××在现场人员都未发觉的情况下，未经安排和许可，私自爬上#43钢管塔，导致手腕部触电。现场人员对其进行了急救，并拨打120急救电话及时将其送到石台县人民医院，但杨××经抢救无效于8时15分左右死亡。通过对工作负责人和现场人员询问后，都证实没有人安排他上杆工作。死者虽为安联公司聘用人员，但非当日工作班成员，是随其兄弟来到施工现场的。

试分析该起事件中违反配电“安规”的行为。

3.4.3 个人安全教育培训档案(模板)

从业人员安全教育培训档案(个人)

<table>
<tr><td>单位</td><td colspan="3">国网××供电公司</td><td>部门(班组)</td><td colspan="3">×××</td></tr>
<tr><td>姓名</td><td>王××</td><td>学历</td><td>本科</td><td>性别</td><td>男</td><td>出生年月</td><td>1970年4月</td></tr>
<tr><td>岗位</td><td>××</td><td>工作时间</td><td>1989年8月</td><td>技术职称</td><td>助理工程师</td><td>技能职称</td><td>高级技师</td></tr>
<tr><td>专业</td><td>配电管理</td><td>信息变动情况</td><td colspan="5">2018年1月技术职称变动为助理工程师</td></tr>
<tr><td colspan="8">证书获得情况</td></tr>
<tr><td>序号</td><td colspan="3">证书名称</td><td colspan="2">取证时间</td><td colspan="2">备注</td></tr>
<tr><td>1</td><td colspan="3">特种作业操作证</td><td colspan="2">1993年6月16日</td><td colspan="2"></td></tr>
<tr><td>2</td><td colspan="3">紧急救护员证</td><td colspan="2">2016年7月1日</td><td colspan="2"></td></tr>
<tr><td colspan="8">安全教育培训记录</td></tr>
<tr><td>序号</td><td colspan="2">培训日期</td><td colspan="2">培训内容</td><td>培训方式</td><td>培训层级</td><td>考核结果</td></tr>
<tr><td>1</td><td colspan="2">2017年1月8日</td><td colspan="2">网络安全法</td><td>集中培训</td><td>省公司</td><td>合格</td></tr>
<tr><td>2</td><td colspan="2">2017年1月20日</td><td colspan="2">安全知识考试</td><td>考试</td><td>市公司</td><td>96分</td></tr>
<tr><td>3</td><td colspan="2">2017年3月5日</td><td colspan="2">安全生产法律、法规</td><td>专项培训</td><td>省公司</td><td>合格</td></tr>
<tr><td></td><td colspan="2"></td><td colspan="2"></td><td></td><td></td><td></td></tr>
<tr><td></td><td colspan="2"></td><td colspan="2"></td><td></td><td></td><td></td></tr>
<tr><td></td><td colspan="2"></td><td colspan="2"></td><td></td><td></td><td></td></tr>
<tr><td></td><td colspan="2"></td><td colspan="2"></td><td></td><td></td><td></td></tr>
<tr><td colspan="8">说明:(1) 各单位从业人员应建立安全教育培训档案。(2) 安全教育培训档案应滚动更新,准确记录安全教育培训情况。(3) 安全教育培训档案由本人填写,由本单位安全监督部门负责管理和考核。(4) 该档案作为员工教育培训档案(人资部门要求)的附件,不在员工教育培训档案中重复填写安全教育培训相关内容。</td></tr>
</table>

第4章　安全日活动管理

4.1　管　理　流　程

安全日活动管理流程如图4.1所示。

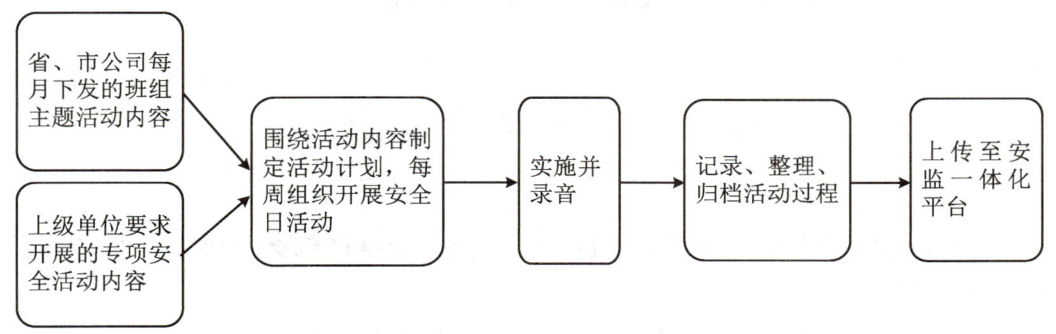

图4.1　安全日活动管理流程

4.2　管　理　要　求

(1) 供电所安全日活动的时间应相对固定。生产类班组应每周或每个轮值期间进行一次安全日活动，非生产类班组每2周进行一次安全日活动。

(2) 安全日活动应由供电所所长负责召集并主持，供电所安全员负责记录。全体班组成员均应参加安全日活动，如果有人员缺席，则应在记录本上注明缺席原因，并及时安排补学。

(3) 供电所所长和安全员应于安全日活动开展前，提前熟悉上级发布的安全学习计划，分析班组近期安全情况，结合实际确定安全日活动的内容。

(4) 供电所安全日活动的主要内容包括：

① 学习上级和本单位有关安全的文件，事故通报、快报，安全简报，领导讲话，安全工作会议材料等；

② 学习本专业相关安全规章制度、规程、标准等；

③ 对本所一个活动周期内的安全状况进行分析、总结，对下阶段主要风险进行分析，提出相关管控措施和要求；

④ 对本所“两票”执行情况进行对照检查，提出存在的问题和改进要求；

⑤ 布置落实专项安全检查工作；

⑥ 安排供电所其他安全工作等。

(5) 供电所安全日活动，可采取“案例教育”“案例述学”“模拟事故分析会”“专题安全讨论会”“参观安全教育室”“专项安全检查评价”等多种形式开展。

(6) 每次安全日活动均应做好记录。记录应反映活动的主要内容和成效，严禁大量抄袭安全简报、通报，把记录的重点放在讨论的成果和学习体会等方面。

(7) 每位参加活动的人员应由本人签名，不允许代签。如有人员缺席，则应在记录本上注明缺席原因，并及时安排补学，补学完成后做好记录。

4.3 参考文件

(1)《国网安徽省电力公司关于进一步规范安全生产例会的通知》(电安监工作〔2015〕201号)。

(2)《国网安徽省电力有限公司班组安全活动管理办法》(电企管工作〔2017〕494号)。

4.4 相关模板

4.4.1 人员信息表(模板)

××（单位）人员信息表

序号	姓名	岗位	类型	备注
1	王××	所长	生产类	
2	张××	安全质量员	生产类	

续表

序号	姓名	岗位	类型	备注
3	李××	运检技术员	生产类	
4	赵××	营销管理员	生产类	
5	孙××	客户服务班长	生产类	
6	钱××	配电运检班长	生产类	
7	圣××	配电班员	生产类	
8	雍××	客户经理	生产类	
9	陈××	综合柜员	非生产类	
10	何××	综合柜员	非生产类	5月20日调出(调入)

注：类型填写“生产类”“非生产类”。

4.4.2　班组安全活动会记录(模板)

班组安全活动会记录

会议时间	2017年×月×日	星期三	地点	会议室
主持人	张××(负责人)		记录人	李××(安全员)
参会人	钱××、孙××、朱××、姚××、圣××、范××		缺席人	无
活动内容	1.学习寇×总经理在国家电网公司安全生产电视电话会议上的讲话精神； 2.学习国网“安溪6•7人身伤亡事故”快报			

续表

<table>
<tr><td>会议时间</td><td>2017年×月×日</td><td>星期三</td><td>地点</td><td>会议室</td></tr>
<tr><td>简要记录</td><td colspan="4">张××(所长):通过对寇总经理讲话的学习,我们所要结合当前的安全生产大检查将各种隐患排查出来,制定整改措施和计划。具体安排如下:
(1) 安全员组织开展全所的安全生产大检查工作,并按时间节点及时上报相关活动安排;
(2) 在检查过程中要坚持边查边改,以查促改,对排查出的问题、隐患、缺陷,要逐条登记建档;
(3) 对能整改的要及时整改,暂时不能整改的要做好预控措施,结合我们所的工作,将整改计划落到具体项目中去;
(4) 全过程要留有痕迹,做到“过程可追溯、结果可核查、责任可追究”,坚决杜绝因隐患治理不及时、不彻底而发生安全事故;
(5) 全体管理人员要加强宣传,营造良好气氛,积极在公司网站发布有关活动的稿件。

李××(安全员):当前为蟹塘增氧打水高峰期,各客户经理分管的电工要对管辖区蟹塘养殖户线路、设备进行巡视。及早发现安全隐患并限期整改,同时加强对台区漏保运行管理工作,定期测试并做好记录。

钱××(综合管理员):有项目施工的分管客户经理每天要到外包施工现场开展安全督查,做好施工现场的安全管控,并对施工工艺进行把关。

孙××(客户经理):……</td></tr>
<tr><td>简要记录</td><td colspan="4">姚××:……

范××:……</td></tr>
<tr><td>本周安全工作评价</td><td colspan="4">1. 本周安全工作情况良好;
2. 开展现场督查5次,发现违章1起,责任人为外包单位××,已报公司进行处罚;
3. 开展安全教培1次,主题为“两票”管理知识,经考试受训人员全部合格</td></tr>
<tr><td>下周安全工作要求</td><td colspan="4">1. 台区漏保、中保的运行检查,家保的抽查;
2. 安全生产大检查:××、××、××台区线路、JP柜检查;
3. 根据计划,下周有两个外包单位在本所区域内施工,共4个施工现场,本所管理人员和客户经理要对每个施工现场开展到岗到位监督,把控现场</td></tr>
<tr><td>补学人签名</td><td colspan="4">无</td></tr>
<tr><td>上级检查评语</td><td colspan="4">活动能按照班组主题活动要求开展,经现场提问、交流,参会人员了解活动内容,活动效果较好
赵××
2017年×年×月</td></tr>
</table>

第5章　现场安全督查管理

5.1　管理流程

现场安全督查管理流程如图5.1所示。

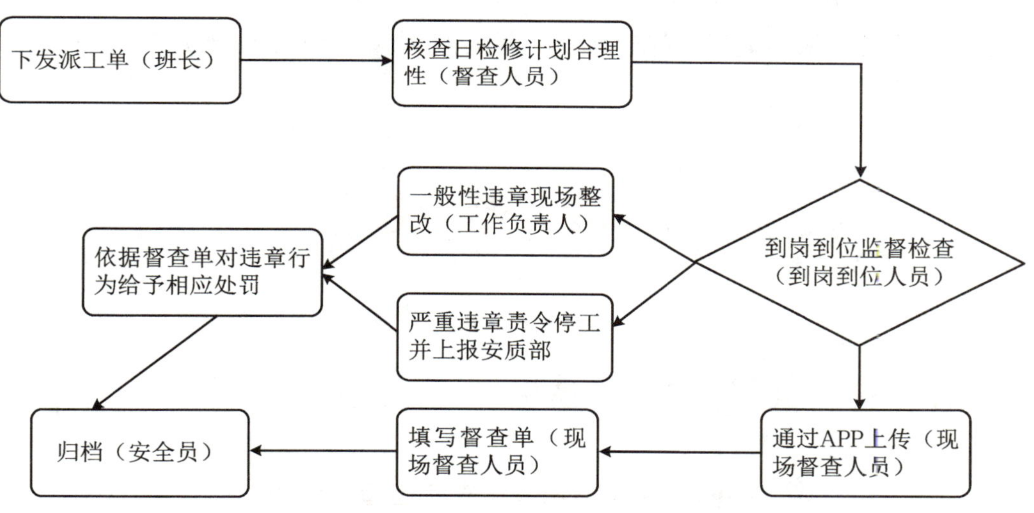

图5.1　现场安全督查管理流程

5.2　管理要求

（1）现场督查人员依据日检修计划开展现场安全督查，严禁无计划、超计划、超范围工作。

（2）现场督查对照“现场安全监督检查记录”逐条开展督查，将督查发现的问题记录在相应的督查内容内作为整改、处罚依据。

（3）现场督查人员将现场督查情况拍照通过APP上传，并在问题描述栏内对现场督查情况进行反馈。

(4) 对于现场督查发现的问题,对照“现场安全监督检查记录”整改。

5.3 参照文件

(1) 国家电网公司生产作业现场“十不干”。

(2) 国家电网公司配网工程安全管理“十八项”禁令。

(3)《城农网工程水泥电杆防倒杆十项技术措施(试行)》(皖电运检〔2017〕249号)。

(4)《国网安徽省电力有限公司关于印发城农网工程水泥电杆防倒杆十项组织措施(试行)的通知》(皖电运检〔2017〕300号)。

(5)《国网安徽省电力有限公司安全生产到岗到位管理规定》(电企管工作〔2017〕494号)。

5.4 参考模板

5.4.1 安全监督检查单(模板)

国网××县供电公司安全监督检查单

签发人:陶×× 2017年第××号

一、检查情况

检查单位	××供电所	检查时间	2017年10月19日
检查人员	陶××、张××	检查地点	解放台区
被查单位、班组	马鞍山××水电安装有限公司	作业人数	5人
工作内容	里桥解放台区立杆、变压器、JP柜吊装		
主要问题与不足	1. 吊机接地不可靠; 2. 现场施工人员安全帽佩戴混杂,不符合要求		
整改意见及期限	第一条当场立即整改; 第二条整改期限:3天		

二、整改情况(以下由被查单位填写)

整改情况	现场施工人员安全帽已按要求于10月20日统一配置,工作负责人为红色,施工人员为蓝色
整改单位及反馈责任人	王××

三、现场督查照片

1. 吊机接地不可靠

2. 现场施工人员安全帽佩戴混杂,不符合要求

第6章 “两票”评价管理

6.1 管理流程

“两票”评价管理流程如图6.1所示。

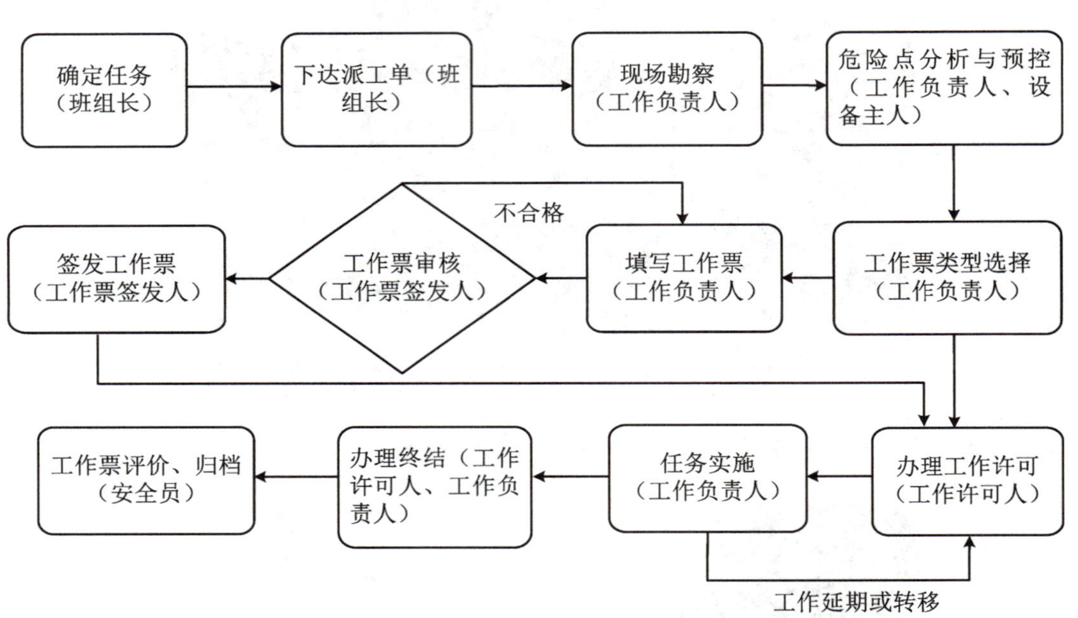

图6.1 “两票”评价管理流程

6.2 管理要求

（1）工作票评价范围包括第一种工作票、第二种工作票、带电作业工作票、故障紧急抢修单、低压工作票、安全措施卡、现场勘察记录；操作票评价范围为倒闸操作票。

(2) 工作负责人所持工作票,执行完毕后由工作负责人所在班组归档、评价;工作许可人所持工作票,执行完毕后由工作许可人所在班组归档、评价。

(3) 操作票在操作完成后由负责操作的班组归档、评价。

(4) 班组安全员每周对本班组所有已执行的“两票”进行自查,在班组安全活动上通报自查情况。

(5) 班组将已执行的“两票”(包括外包工程)及时归档,由班组安全员按月装订成册。

(6) 班组按月检查评价、汇总分析工作票、操作票执行情况,填写评价表,形成分析报告。

6.3 参照文件

(1)《国网安徽电力安质部关于进一步加强工作票和操作票评价管理的通知》(安监工作〔2015〕5号)。

(2)《国网安徽省电力有限公司配电工作票管理规定》(电企管工作〔2017〕494号)。

(3)《国网安徽省电力公司营销部关于加强营销作业安全管控,严防人身伤亡事故发生的紧急通知》(营销工作〔2017〕124号)。

6.4 参考模板

6.4.1 “两票”月度评价表(模板)

“两票”月度评价表

单位:××供电公司　　2018年××月　　班组:××供电所

票种	已执行(份)	合格(份)	不规范(份)	合格率(%)
低压工作票	5	4	1	80%
操作票	0	0	0	/

续表

<table>
<tr><td>票种</td><td>已执行(份)</td><td>合格(份)</td><td>不规范(份)</td><td>合格率(%)</td></tr>
<tr><td>现场勘察记录</td><td>5</td><td>5</td><td>0</td><td>100%</td></tr>
<tr><td>故障应急抢修单</td><td>2</td><td>2</td><td>0</td><td>100%</td></tr>
<tr><td>安全措施卡</td><td>23</td><td>22</td><td>1</td><td>95.6%</td></tr>
<tr><td>合计</td><td>35</td><td>33</td><td>2</td><td>95%</td></tr>
<tr><td>票号</td><td colspan="3">存在问题</td><td>评价结论
(不合格或不规范)</td></tr>
<tr><td>××××××××</td><td colspan="3">××台区现场工作所挂的低压接地线未在工作票中反映</td><td>不合格</td></tr>
<tr><td>××××××××</td><td colspan="3">安全措施卡未评价</td><td>不规范</td></tr>
<tr><td colspan="5">评价意见及整改措施:作业过程中使用的文本应做到规范,抢修工作负责人在填写抢修工作票、安全交底卡等相关文本时应认真、严谨,开具的抢修票要与现场一致。对存在问题的班组应认真组织学习省电力公司“两票”管理规定并严格执行。</td></tr>
<tr><td colspan="5">评价人(签字):×××(安全员)</td></tr>
</table>

第7章　安全工器具管理

7.1　管理流程

安全工器具管理流程如图7.1所示。

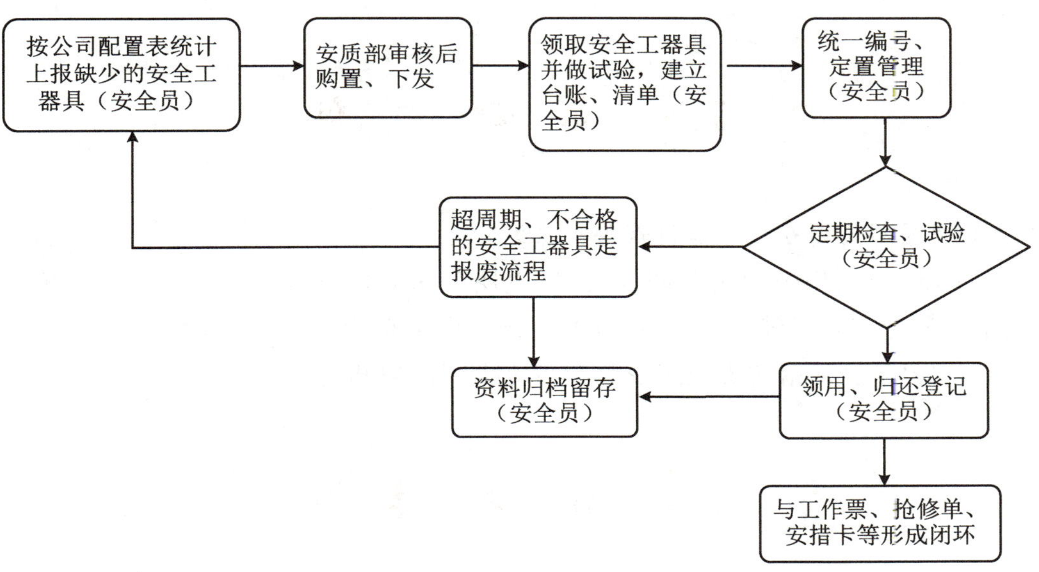

图7.1　安全工器具管理流程

7.2　管理要求

(1) 安全工器具按公司配置表要求配置齐全，并将台账录入安监一体化平台。

(2) 建立安全工器具管理制度、台账、清单、卡片，台账、清单、卡片按年度更新。

(3) 安全工器具应统一编号，定置摆放于安全工器具室内，每件安全工器具的编号和试验标签应是唯一的。编号和标签粘贴要求按《供电公司安全工器具统一编号试验标签粘贴位置规范》执行，新标签贴好后，旧标签应撕掉；为防止标签、编号脱落，标签、编号贴好后应用胶带缠绕。

（4）安全工器具按试验周期定期试验，试验项目应齐全，试验由公司统一安排，试验检验报告应妥善保管并及时更新。

（5）不合格的安全工器具按全寿命周期管理要求进行报废处理（走报废流程）、以旧换新；新添置的安全工器具应经试验合格、编号后使用，并在安监一体化平台上及时更新记录。

（6）安全工器具每月应定期检查，填写检查记录。

（7）安全工器具室应保持清洁通风并定期打扫，温控柜保持正常运行状态。

（8）安全工器具领用、归还均应在安全工器具使用记录本中记录，记录中应注明使用数量、编号及领用和归还时间，保管人和使用人均需签字确认。

（9）安全工器具使用记录应与工作票、抢修单、安全措施卡等相关作业文本形成闭环。

7.3 参考文件

（1）《国网公司安全工器具管理办法》。

（2）《国家电网公司关于印发〈国家电网公司质量监督工作规定〉和〈国家电网公司电力安全工器具管理规定〉的通知》（国家电网企管〔2014〕748号）。

（2）《关于全面落实安全工器具设备主人制的通知》。

7.4 相关模板

7.4.1 供电所安全工器具参考配置表（模板）

××电公司供电所安全工器具配置表（2017）

序号	工器具名称	配置建议	要求	备注
1	绝缘手套	低压绝缘手套，每个供电服务小组不少于2双	500V超薄乳胶型	
		喷胶线手套，每位台区客户经理不少于5双		

续表

序号	工器具名称	配置建议	要求	备注
2	绝缘鞋(靴)	绝缘鞋,每位台区客户经理1双		
		绝缘靴,每个供电服务小组不少于2双	25kV绝缘靴	
3	辅助型绝缘垫	每位台区客户经理1块	800mm×600mm	
4	护目镜	每位台区客户经理1副		
5	验电器	低压验电器每位台区客户经理1支	声光伸缩折叠式、袖珍便携式	
6	个人保安线	每位台区客户经理1副		
7	低压接地线	至少8组		根据实际需要配置
8	安全带	每位台区客户经理1副	双肩式加后备保险绳式(W-Y)	
9	脚扣	每位台区客户经理1副	脚扣要带防滑	
10	登高板	每个供电所不少于2副		
11	安全帽	每位台区客户经理1顶蓝色安全帽		
12	安全警示带(围栏网)	10套(每套带插杆4根)		
13	梯子	至少4部		根据需要配置
11	标示牌(禁止合闸,有人工作!)	10块		
12	标示牌(禁止合闸,线路有人工作!)	10块		
13	标示牌(止步,高压危险!)	10块		
14	标示牌(在此工作!)	10块		

7.4.2 安全工器具清单(模板)

国网××县供电公司××(单位)安全工器具清单

工器具配置地点:安全工器具室　　填表日期:2017年5月13日

序号	工器具编号	工器具名称	规格及适用电压等级	出厂日期	领用日期	卡片编号	备注
1	DYG-01-E001	接地线	400V	2016年10月	2017年2月	001	
2	DYG-01-E002	接地线	400V	2016年10月	2017年2月	002	
3	DYG-01-E003	接地线	400V	2016年10月	2017年2月	003	
4	DYG-01-E004	接地线	400V	2016年10月	2017年2月	004	
5	DYG-01-F001	个人保安线	400V	2013年8月	2016年5月	005	
6	DYG-01-F002	个人保安线	400V	2013年8月	2016年5月	006	
7	DYG-01-F003	个人保安线	400V	2013年8月	2016年5月	007	
8	DYG-01-F004	个人保安线	400V	2013年8月	2016年5月	008	
9	DYG-02-C001	脚扣	12-15m杆	2017年1月	2017年3月	009	
10	DYG-02-C002	脚扣	12-15m杆	2017年1月	2017年3月	009	
11	DYG-02-C003	脚扣	12-15m杆	2017年1月	2017年3月	009	

注:本表为整本工器具台账的目录,卡片编号相当于台账的页码。当工器具及相应卡片变更时,应及时变更该清单。

7.4.3 安全工器具卡片(模板)

国网××县供电公司××(单位)安全工器具卡片

工器具配置地点:安全工器具室　　卡片编号:001

<table>
<tr><td>工器具编号</td><td>工器具名称</td><td colspan="2">规格及适用的电压等级</td><td>生产厂家</td></tr>
<tr><td>DYG-01-E001</td><td>接地线</td><td colspan="2">400V</td><td>石家庄嘉泰</td></tr>
<tr><td>出厂日期</td><td>领用日期</td><td>工器具分类</td><td>试验性质</td><td>试验周期</td></tr>
<tr><td>2016年10月</td><td>2017年2月</td><td>绝缘类</td><td></td><td>5年</td></tr>
</table>

续表

试验日期	结论	主要试验数据	试验人员	试验报告单编号	送试人员	计划下次试验日期
2017年3月20日	合格	截面积25mm²,直流电阻值小于0.79Ω,工频耐压4kV	张三	05-1005231	李四	2021年3月19日

注：

1. 验电器、接地线、脚扣、安全带、梯子、绝缘手套等核心安全工器具(需要定期送检的),应每件一张建立卡片;

2. 不需要定期送检的围栏、标志牌等安全工器具,可以多件合并建立1张卡片。

7.4.4　安全工器具领用记录(模板)

××供电公司安全工器具领用记录

班组名称:××(单位)　　编号:2016030001

工作内容:更换东城变10kV阳光106线#048杆瓷瓶

工作票(派工单)编号:201803001

领用人:仝××　　发放人:张××　　领用时间:2018年3月30日

交回人:仝××　　入库人:张××　　交回时间:2018年3月30日

序号	名称	单位	数量	入库回收状态	备注
1	安全帽	顶	3	完好	
2	双保险安全带	根	2	完好	
3	绝缘手套	副	1	完好	
4	绝缘靴	副	0		
5	验电器(10kV)	支	1	完好	(相应编号)
6	验电器(0.4kV)	支			(相应编号)
7	接地线(10kV)	组	1	完好	(相应编号)
8	接地线(0.4kV)	组			(相应编号)

续表

序号	名称	单位	数量	入库回收状态	备注
9	护目眼镜	副	1	完好	
10	个人保安线	组	1	完好	（相应编号）
11	绝缘操作杆	根	1	完好	
12	绝缘梯	架			
13	脚扣或登高板	副	1	完好	
14	安全围栏	套	1	完好	
15	安全警示带	盘	1	完好	
16	标示牌	块	1	完好	
17	施工道路标示	个			
18					
19					

说明：

1. 本记录随同工作票同时使用，是工作时使用工器具的唯一依据，记录一式两份，一份放安全工器具室存放，另一份随同工作票等保存；

2. 领用人、交回人应是工器具使用人，发放人、入库人应是安全工器具管理员；

3. 入库回收状态是指对交回的安全工器具进行检查，由入库人验收后填写，注明入库时安全工器具是否完好、试验标签或编号有无脱落、外皮有无损坏等，对不完好的安全工器具应及时处理，保证满足使用要求。

7.4.5 安全工器具月度检查记录（模板）

国网××县供电公司××（单位）安全工器具月度检查记录

填表日期：2018年7月13日

序号	名称及型号	编号	数量	下次试验日期	检查情况	检查人	备注
1	接地线（DL-D×7型）	DYG-01-E001-E004	4	2018年10月12日	外观检查，E001磨损严重，其他正常	张××	DYG-01-E001报废

续表

序号	名称及型号	编号	数量	下次试验日期	检查情况	检查人	备注
2	验电器	DYG-01-C001-C004	4	2018年4月12日	外观检查、声光检查正常	张××	
3	脚扣	DYG-02-C001-C004	4	2018年10月12日	外观检查	张××	
4	登高板	DYG-02-B001-B004	4	2018年10月12日	外观检查	张××	
5	个人保安线	DYG-01-F001-F004	4	2018年10月12日	外观检查	张××	

安全责任人：××（负责人）　　　　安全员：××

第8章　剩余电流保护器管理

8.1　管理流程

剩余电流保护器管理流程如图8.1所示。

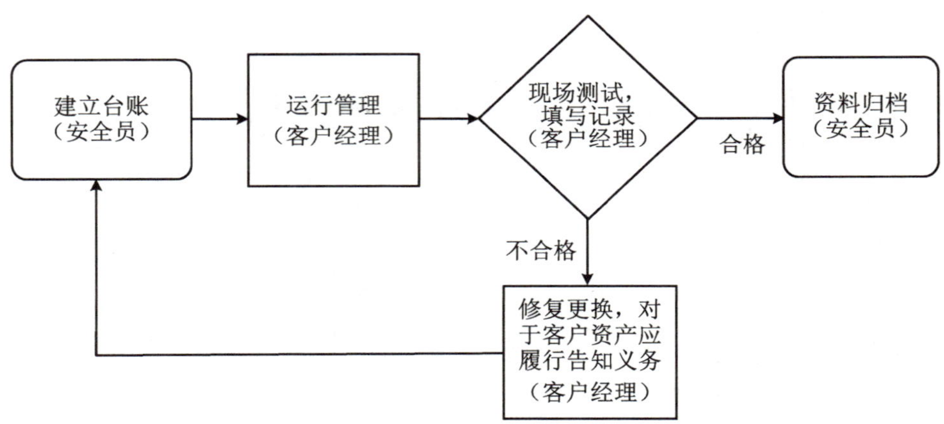

图8.1　剩余电流保护器管理流程

8.2　管理要求

(1) 建立剩余电流保护器台账、统计表：安全员每年应及时建立剩余电流保护装置汇总表、剩余电流保护装置安装使用台账(总保)，将数量、安装地点、设备参数、投运时间等按实际进行登记，建立汇总表、总保台账电子档，并打印存档。

(2) 运行管理：客户经理对辖区内投入运行的台区总保每月至少应进行一次跳闸测试(按钮、接地试跳各一次)，农村用电高峰季节及雷电活动频繁期应增加测试次数，测试情况记录在“剩余电流动作保护器运行记录”中；对辖区内投入运行的中保每季度至少应进行一次测试，雷电活动频繁期应增加测试次数，测试情况记录在“剩余电流保护装置安装使用台账(中保台账及测试记录)”中；安全员或运检技术员每半年组织一次台区总保指标测试，将测试情况记入“剩余电流保护装置运行、测试记录”中，按要求上报测试报表至公司安质部和营销部；每月按服务户数的20%进行抽查户保，抽查情况记入“剩余电流保护装置安装使用台账(户保台账及抽查记录)”中，确保每半年对其负责的用户户保抽查一遍。

(3) 修复更换：对在测试或检查中发现的不合格剩余电流动作保护器(总保、中保)，客户经理应及时进行修复或更换，属客户产权的应履行告知义务，做好延伸服务；对于抽查中发现不能正常运行的户保，下发“家用漏电保护器安全隐患告知书”并履行确认手续。

(4) 漏电保护器额定剩余动作电流的选择：在躲过低压电网正常泄漏电流的情况下，总保额定剩余动作电流应尽量选小一些，以兼顾设备和人身安全的要求，农村区域一般选择300mA及以下，中保额定剩余动作电流选择100mA及以下，户保额定剩余动作电流选择30mA及以下。

(5) 资料归档：安全员每月负责整理、检查、更新剩余电流动作保护器管理方面的台账、测试记录、家用漏电保护器隐患告知书等资料，并归档保存。

8.3 参考文件

《国网安徽省电力公司关于印发〈国网安徽省电力公司农村区域配电台区剩余电流动作保护装置配置及安装指导意见〉和〈国网安徽省电力公司农村区域配电台区剩余电流动作保护装置运维管理规定〉的通知》(电运检工作〔2016〕382号)。

8.4 相关模板

8.4.1 剩余电流保护装置汇总表(模板)

××电公司××供电所剩余电流保护装置汇总表

序号	台区名称(与PMS台账一致)	所属10kV线路(与PMS台账一致)	低压接地形式	低压综合箱安装总保情况			表箱中安装中保情况			用户安装户报情况		备注
				低压出线数(路)	已安装总保低压出线数(路)	已投运总保台数(台)	所带表箱数(只)	已安装中保表箱数(只)	投运中保数(只)	用户数(户)	已安装户保的用户数(户)	
1	年陡所031#港东新庙公配GD412031	年陡变10kV张河口412线王桥分线	复合式环型闭合接地网	4	4	4	123	96	96	123	123	
2												
3												

8.4.2 剩余电流保护装置安装使用台账(总保)(模板)

××供电公司××供电所剩余电流保护装置安装使用台账(总保)

序号	台区名称(与PMS台账一致)	安装位置	出厂厂家	出厂编号	出厂日期	投运日期	型号规格	额定电压(V)	额定电流(A)	额定短路分段电流(kA)	额定剩余动作电流(mA)	额定剩余不动作电流(mA)	额定分段时间(s)	动作特性分类	自动重合闸投/退时间(s)	过(欠)电压保护投/退		延时重合闸时间(s)
																过电压动作值	欠电压动作值	
1	年陡所031#港东新庙公配GD412031	配电房	杭州乾龙	2011112	2011年11月2日	2013年5月16日	JD6-III	380	250—630	6.3	100—500	50—250	<3	AC型	20	单相160V±5%	单相280V(300V)±5%	20—60
2																		

8.4.3 剩余电流动作保护器运行记录(总保)(模板)

××台区总保运行记录

年	月	日	时/分	天气	保护器编号	事项	签名
2017	11	2	9:15	晴	01#或张村分线	接地、按钮测试保护器运行均正常	许××
2017	11	2	9:20	晴	02#或李村分线	接地、按钮测试保护器运行均正常	许××
2017	11	2	9:23	晴	03#或王村分线	接地、按钮测试保护器运行均正常	许××
2017	11	2	9:28	晴	04#或赵村分线	接地测试保护器运行正常,按钮试跳保护器不动作	许××

8.4.4　剩余电流保护装置运行、测试记录(总保)(模板)

××供电公司××供电所剩余电流保护装置运行、测试记录(总保)

台区名称	安装位置	测试日期	天气情况	实测剩余电流(mA)	试验动作电流(mA)	试验动作时间(ms)	运行情况	测试人
年陡所031#港东新庙公配GD412031	配电房D01#线	2017年11月2日	晴	28	42	53	正常	许××、赵×
年陡所031#港东新庙公配GD412031	配电房D02#线	2017年11月2日	晴	27	41	51	正常	许××、赵×
年陡所031#港东新庙公配GD412031	配电房D03#线	2017年11月2日	晴	29	43	52	正常	许××、赵×

8.4.5 剩余电流保护装置安装使用台账(中保台账及测试记录)(模板)

××供电公司××供电所剩余电流保护装置安装使用台账(中保台账及测试记录)

序号	台区名称(与PMS台账一致)	表箱名称编号	所属低压主干线名称	是否安装中保	安装中保型号	测试日期	运行情况	处理建议	责任人	备注(可填写消缺或更换日期)
1	年陡所031#港东新庙公配GD412031	001#	D01#	是	DZ47LE-63	2017年11月3日	正常	/	许××	
2	年陡所031#港东新庙公配GD412031	002#	D01#	是	DZ47LE-63	2017年11月3日	正常	/	许××	
3	年陡所031#港东新庙公配GD412031	003#	D01#	是	DZ47LE-63	2017年11月3日	正常	/	许××	

8.4.6　剩余电流保护装置安装使用台账(户保台账及抽查记录)(模板)

××供电公司××供电所剩余电流保护装置安装使用台账(户保台账及抽查记录)

序号	台区名称(与PMS台账一致)	用户姓名(本人签字)	所属表箱编号	是否安装户保	安装户保型号	巡查日期	运行状况	处理建议	备注(可填写下发整改日期)
1	年陡所031#港东新庙公配GD412031	李××	002#	是	DZ47LE-63	2017年11月3日	正常	/	
2	年陡所031#港东新庙公配GD412031	张××	002#	是	DZ47LE-63	2017年11月3日	正常	/	
3	年陡所031#港东新庙公配GD412031	王××	003#	是	DZ47LE-63	2017年11月3日	正常	/	
4	年陡所031#港东新庙公配GD412031	后××	004#	是	DZ47LE-63	2017年11月3日	拒动	用户处理	2017年11月3日

第9章 考勤、派工管理

9.1 管理流程

考勤、派工管理流程如图9.1所示。

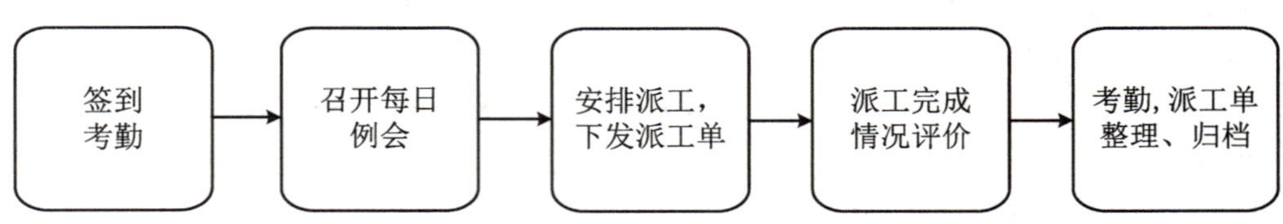

图9.1 考勤、派工管理流程

9.2 管理要求

（1）严格考勤管理，各班组员工每日按规定的作息时间实施签到制度（考勤方式：签到表考勤、指纹考勤、面部识别考勤等），病假、事假、休假等应履行手续，外出学习、出车应有上级文件或通知，每月上报的考勤报表应与实际考勤及财务报销中的相关记录一致。

（2）班组员工实行坐班制，外出作业必须履行派工手续，由班长下发派工单，多班组协同工作，派工单由单位负责人下发。

（3）每月整理归档派工单，保存期为两年。

9.3 参考文件

（1）《国网安徽省电力公司关于整治乡镇供电所员工“干私活”行为的意见》（电营销工作〔2016〕414号）。

(2)《国网安徽省电力公司营销部关于加强营销作业安全管控,严防人身伤亡事故发生的紧急通知》(营销工作〔2017〕124号)。

9.4　相关模板

9.4.1　派工单(模板)

国网安徽省电力公司派工单

单位:××××　　　　　　　　　　　　编号:20171123

计划 工作时间	自2017年11月23日8时0分 至2017年11月23日10时0分		
所派人员	李×× 工作负责人:赵××	派工人	陈××(运维班长)
派工地点 和任务	接95598电话通知,香榭美地16栋503田女士(139××××××××)反映家中无电,现场核实排除故障		
所派人员签名	李××　赵××		
工作评价	此项工作已于23日9时9分完成,工作质量:经检查为用户内部线路故障引起保安器跳闸,故障线路隔离后恢复送电 派工人:陈×× 2017年11月23日		
备注			

第10章 故障抢修管理

10.1 管理流程

故障抢修管理流程如图10.1所示。

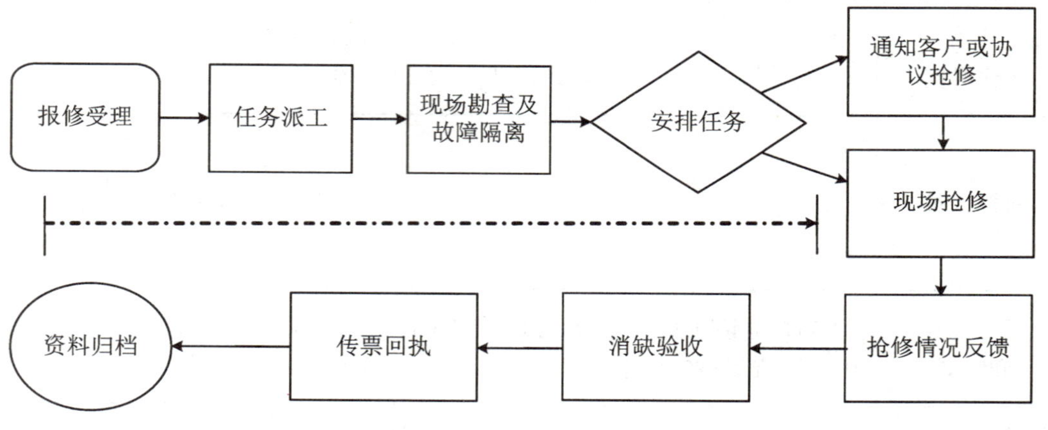

图10.1 故障抢修管理流程

10.2 管理要求

(1) 抢修单的使用范围:配电线路、设备故障紧急处理应填用工作票或配电故障紧急抢修单;短时间内连续进行的配电线路、设备故障紧急处理工作,可填用配电故障抢修单;非连续进行的故障紧急处理工作,间断复工时应转为正常检修,重新填用工作票。

(2) 现场勘查及故障隔离:配电检修班长或客户服务班长下达派工单、安排客户经理按时限要求到达现场,对现场进行勘察,查找到故障点后对故障进行隔离,并反馈故障原因、停电范围、停电区域及预计恢复时间等信息给大厅人员或值班人员,同时向95598报备,做好解释和咨询工作。

(3) 安排任务:配电检修班长或客户服务班长根据现场情况安排抢修任务给相关人员。

(4) 抢修准备:根据现场勘查配备抢修材料,领用安全工器具、施工工器具,填写故障抢修单或安全措施卡。

(5) 现场抢修:抢修负责人安排做好现场安全措施(现场勘察、开具抢修单、设置现场安全围栏、验电挂接地线、进行技术交底等基本安全措施必须保证执行到位)、现场交底后进行故障处理。

(6) 消缺验收:故障抢修结束后,抢修人员应及时清理现场,设备主人进行现场验收。

10.3　参照文件

《国网安徽省电力有限公司配电工作票管理规定》(电企管工作〔2017〕494号)。

10.4　参考模板

10.4.1　配电故障抢修单(模板)

国网安徽省电力有限公司配电故障紧急抢修单

单位:××供电所　　　　编号:20171201

1. 抢修工作负责人:王××　　　　班组:配电运维班

2. 抢修班人员(不包括抢修工作负责人):

李××　张××　钱××　汪××　共4人。

3. 抢修工作任务:

工作地点或设备[注明变(配)电站、线路名称、设备双重名称及起止杆号]	工作内容
10kV政府162线28#香榭美地台区380VD01#出线15#杆至16#杆	10kV政府162线28#香榭美地台区380VD01#出线15#杆至16#杆导线故障更换

4. 安全措施：

<table>
<tr><th>内容</th><th colspan="2">安全措施</th></tr>
<tr><td rowspan="3">由调控中心提供线路间隔名称、状态(检修、热备用、冷备用)</td><td colspan="2"></td></tr>
<tr><td colspan="2"></td></tr>
<tr><td colspan="2"></td></tr>
<tr><td>现场应断开断路器(开关)、隔离开关(刀闸)、熔断器</td><td colspan="2">拉开10kV政府162线28#香榭美地台区380VD01#出线D01#开关；
拉开10kV政府162线28#香榭美地台区380VD01#出线D01#刀闸</td></tr>
<tr><td rowspan="2">应装设遮栏(围栏)及悬挂的标示牌</td><td colspan="2">在已拉开的DO1#线开关刀闸操作把手上悬挂“禁止合闸，线路有人工作”标示牌；
在工作地点四周设围栏</td></tr>
<tr><td colspan="2">在已设围栏上面朝里挂“止步，高压危险！”标示牌；
在工作地点挂“在此工作”标示牌；
在围栏出入口处挂“从此进出”标示牌</td></tr>
<tr><th colspan="2">应装设的接地线的位置</th><th>接地线编号</th></tr>
<tr><td colspan="2">在10kV政府162线28#香榭美地台区D01#出线1#—2#杆之间</td><td>××DYJD-01#</td></tr>
<tr><td colspan="2">在10kV政府162线28#香榭美地台区D01#出线14#—15#杆之间</td><td>××DYJD-02#</td></tr>
<tr><td colspan="2">在10kV政府162线28#香榭美地台区D01#出线16#—77#杆之间</td><td>××DYJD-03#</td></tr>
<tr><td>保留带电部位及其他安全注意事项</td><td colspan="2">保留带电部位：10kV政府162线28#香榭美地台区D01#出线刀闸电源侧及设备带电，10kV政府162线28#香榭美地台区D02#出线带电
其他安全注意事项：(1) 登杆前检查杆根是否牢固；(2) 检查安全工器具是否完好无损；(3) 施工靠近道路，注意来往车辆和行人，在工作地段两端设交通警示牌</td></tr>
</table>

5. 上述1至4项由抢修工作负责人<u>王××</u>根据抢修任务布置人<u>孙××</u>的指令,并根据现场勘察情况填写。

6. 许可抢修时间:<u>2017</u>年<u>12</u>月<u>21</u>日<u>10</u>时<u>08</u>分;工作许可人:<u>赵××</u>。

7. 抢修结束汇报:本抢修工作于<u>2017</u>年<u>12</u>月<u>21</u>日<u>12</u>时<u>03</u>分结束。抢修班人员已全部撤离,材料、工具已清理完毕,故障紧急抢修单已终结。

<u>现场设备状况及保留安全措施:抢修工作已结束,现场两组接地线已拆除,现场设备及安全措施已恢复到工作前状态</u>。

工作许可人:<u>赵××</u>。

抢修工作负责人:<u>王××</u>。填写时间:<u>2017</u>年<u>12</u>月<u>21</u>日<u>12</u>时<u>05</u>分。

8. 备注:

____。

第11章 值班记录管理

11.1 管理流程

值班记录管理流程如图11.1所示。

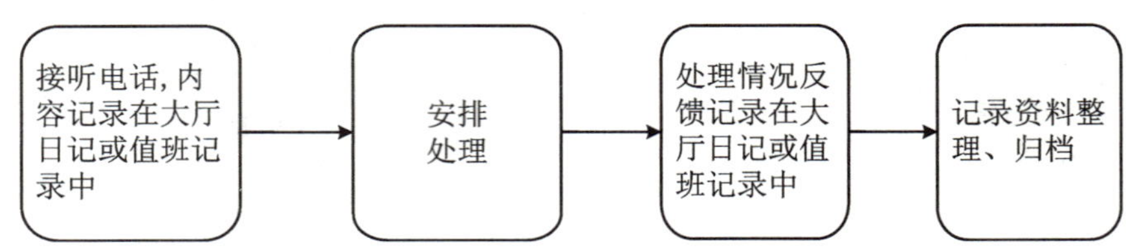

图11.1 值班记录管理流程

11.2 管理要求

(1) 大厅人员或值班人员接到电话后，应将电话内容及当班主要事项记录到大厅日记或值班记录中(建议工作时间记录在大厅日记中，非工作时间记录在值班记录中)。

(2) 记录内容：用户故障报修，用电咨询、投诉，停电通知或重要事项通知，95598报修工单反馈及当班主要事项。

(3) 值班记录应记录齐全(交接班人、时间等)、字迹工整。

(4) 大厅日记或值班记录用完后应整理归档保存。

11.3　相关模板

11.3.1　值班记录(模板)

值班记录

<table>
<tr><td colspan="2">值班人员</td><td>王××
李××</td><td>时间</td><td>自11月12日17时00分
至11月13日8时00分</td><td>天气情况</td><td>晴</td></tr>
<tr><td colspan="2">具体时间</td><td colspan="5">情况内容</td></tr>
<tr><td>时</td><td>分</td><td colspan="5"></td></tr>
<tr><td>19</td><td>07</td><td colspan="5">电话614××××咨询电费预交,明天能否到所里缴费,回答是</td></tr>
<tr><td>20</td><td>14</td><td colspan="5">电话675××××报修,合和小区多处无电,已派李××(客户经理)现场核实</td></tr>
<tr><td>20</td><td>27</td><td colspan="5">经检查,合和小区GD123456#公变台区内03#线总保跳闸导致多户无电,现场未发现明显故障点,试送后恢复供电</td></tr>
<tr><td></td><td></td><td colspan="5"></td></tr>
<tr><td></td><td></td><td colspan="5"></td></tr>
<tr><td></td><td></td><td colspan="5"></td></tr>
<tr><td colspan="7">交班情况:所有用户报修处理完毕,现已恢复正常,无其他未处理事项</td></tr>
<tr><td colspan="7"></td></tr>
<tr><td colspan="7"></td></tr>
<tr><td colspan="3">接班人:
赵××　孙××</td><td colspan="2">交班人:
王××　李××</td><td colspan="2">交接时间:
11月13日8时</td></tr>
</table>

11.3.2 大厅日记(模板)

大厅日记

当班重大事项

1.昨天值班情况:

昨天报修用户3户,已处理完毕、恢复正常,无其他未处理事项。

2.大厅例行检查:

大厅电子屏正常工作;门楣灯箱的国网标志齐全;自助缴费机正常使用;报架、资料架等摆设整齐,上架资料充足,便于取阅;饮水机纸杯齐;各楼层设备运行正常,可确保大厅工作正常开展。

3.报修登记:

(1) 10:35陈岗农排多户无电(153××××××××),陶××到现场检回复:台区总保跳闸,经检查为发现明显故障点,10:42试送后回复供电。

(2) 10:52吴庄一用户反应家中无电(692××××),陶××排查后回复:该用户家中内线故障,因线路埋入墙内,用户请水电工自行修复。

(3) 15:19韦部村用户反映家中无电(159××××××××),15:34夏××现场排查后回复:用户家中闸刀接触不良,已处理并送电。

(4) 15:47东岗村用户(614××××)反映家中无电,经系统核对后为欠费停电,经指导客户已交付电费,15:59分恢复供电。

第12章　应急能力管理

12.1　管理流程

应急能力管理流程如图12.1所示。

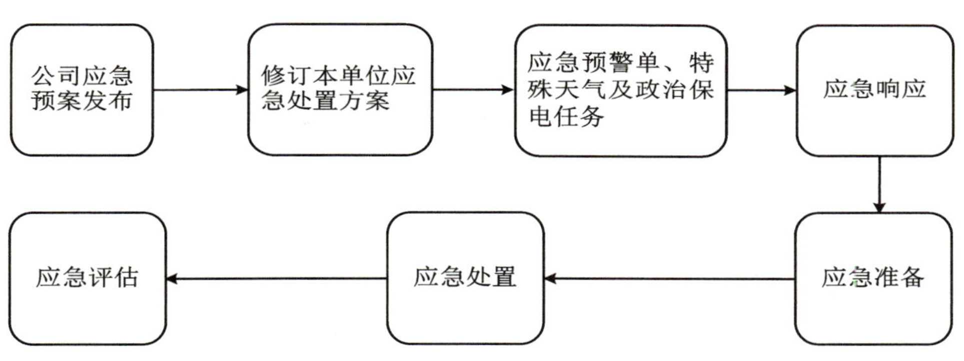

图12.1　应急管理流程

12.2　管理要求

(1) 根据公司发布的应急预案，结合本单位自身实际滚动修订应急处置方案。

(2) 根据单位服务范围和公司相关要求储备应急物资、应急抢修工具、安排应急值班。

(3) 依据上级公司相关要求、应急预警单、特殊天气及政治保电任务，启动应急处置方案，做好应急准备(物资、车辆、抢修、人员、后勤)，实施应急处置。

(4) 应急处置工作结束后，应对处置工作开展评估，总结处置工作开展情况，及时修订，以补充、完善不足之处。

12.3 参考文件

《国家电网公司应急工作管理规定》[国网(安监2)483-2014]。

《国网安徽省电力公司关于印发公司处置突发事件多部门应急协调联动机制的通知》(电安监工作〔2013〕283号)。

《关于修订印发安徽省电力公司应急管理工作规定的通知》(皖电安监〔2011〕103号)。

第13章　隐 患 管 理

13.1　管 理 流 程

隐患管理流程如图13.1所示。

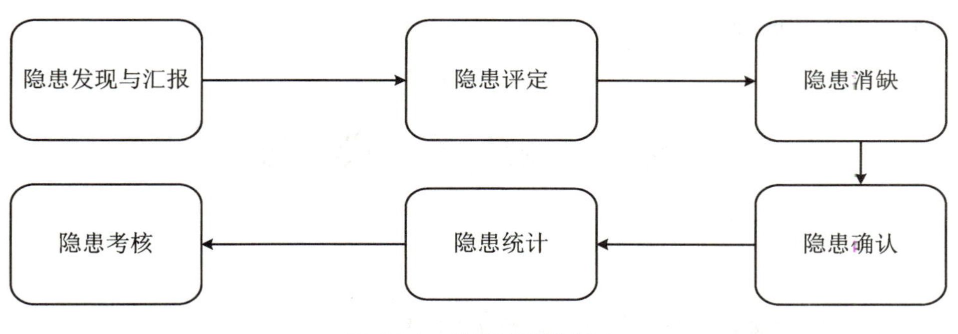

图13.1　隐患管理流程

13.2　管 理 要 求

（1）根据管理规定定期安排设备主人或客户经理对所辖设备开展巡视，发现隐患及时做好记录和汇报。

（2）对隐患进行评定、分类，并根据分类要求时限消缺。

（3）隐患分类：① 危及，指性质严重、情况危及，若不及时处理可在短时间内导致设备损坏，或一旦发生事故，其后果非常严重；② 严重，指性质较严重、情况较危及，短期内尚不可能导致事故，但对线路安全运行有严重威胁；③ 一般，指性质一般、情况轻微，且发展缓慢，在一定期间对线路的安全运行影响不大。

（4）隐患处理时限：① 危及通常不应超过24小时，或临时采取确保安全的技术措施进行处理；② 严重一般不超过一周，消除前应加强监视；③ 一般应列入年、季、月检修计划，最迟不超过一个检修周期。

(5) 建立隐患档案,定期开展隐患评估、总结与考核工作。

(6) 按公司要求每月10日前定期报送隐患信息(安全隐患整改记录)。

13.3 参考文件

(1)《国网安徽省电力有限公司隐患排查治理工作考评办法》(电企管工作〔2017〕494号)。

(2)《关于印发〈安徽省电力公司生产事故隐患排查任务单使用和管理办法〉的通知》(电安监工作〔2011〕20号)。

(3)《关于印发〈安徽省电力公司安全生产事故隐患范例(2012版)〉的通知》(电安监工作〔2012〕305号)。

13.4 相关模板

13.4.1 安全隐患整改记录(模板)

国网××县供电公司安全隐患整改记录

隐患简题	沿江配电队6月12日发现太白镇10kV美格尔6875线路45#杆拉线断裂电杆严重倾斜		
隐患发现时间	6月12日	隐患整改时间	6月17日
隐患简述	当涂供电公司沿江配电队6月12日在日常巡视时发现太白镇10kV美格尔6875线路45#杆拉线断裂电杆严重倾斜,可能造成太白镇10kV美格尔6875线路45#杆倒杆,造成附近人员伤害,导致7级人身事件的发生		
隐患照片	略		
隐患防控措施	在太白镇10kV美格尔6875线路45#杆下方用石块进行加固,加强太白镇10kV美格尔6875线路45#杆下巡视检查工作,做好附近居民安全宣传工作,及时安排开展隐患整改工作		
隐患整改后照片	略		
隐患治理计划资金(万元)			

13.4.2 隐患排查发现隐患一览表(模板)

××(单位)隐患排查发现隐患一览表

本次排查范围和内容:××××。

除以下表格中所列隐患外,排查范围内的其他设备或其他工作不存在专项排查内容中指明的隐患。所有排查工作的责任人对排查结果已经签字确认。

填报人:××　　审核人:××　　日期:××

序号	隐患简题	隐患级别	归属专业组	责任单位	整改期限	是否消除	未消除的隐患整改进展情况
1	6月12日10kV美格尔6875线路45#杆拉线断裂电杆严重倾斜	严重	运检	沿江配电队	一周	6月15日已消除	
2							

第14章 标示牌、警示牌管理

14.1 管理流程

标示牌、警示牌管理流程如图14.1所示。

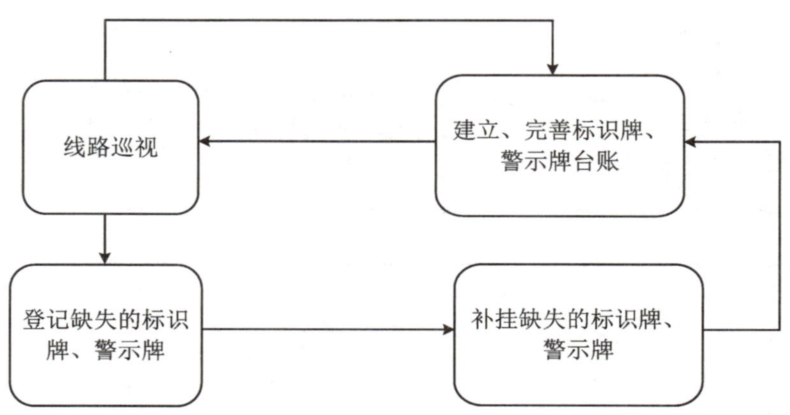

图14.1 标示牌、警示牌管理流程

14.2 基本要求

(1) 各类标识牌、警示牌的安装应符合规范及要求,具体参照输配电线路各类标识悬挂要求。

(2) 对每条线路的标识牌、警示牌应分类进行统计,建立台账。

(3) 对已丢失、损坏或模糊不清的标识牌、警示牌要及时补装、更换。

(4) 由于线路的变更或运行环境的变化,需要安装或去掉标识牌、警示牌的应及时安装或去掉,并在已建立的台账中增添或去除,确保台账与现场相一致。

14.3　参　考　文　件

《安徽省县供电公司架空线路管理规范(试行)》。

14.4　相　关　模　板

14.4.1　输配电线路各类标识悬挂要求

输配电线路各类标识悬挂要求

为全面规范输配电线路各类电杆标识的悬挂,本公司依据省电力公司《架空电力线路管理规范(2007)》中的架空线路标志牌管理和安装规定,特编制了输配电线路各类标识悬挂要求(试行),请相关部门遵照执行。

1. 各类标识悬挂图示

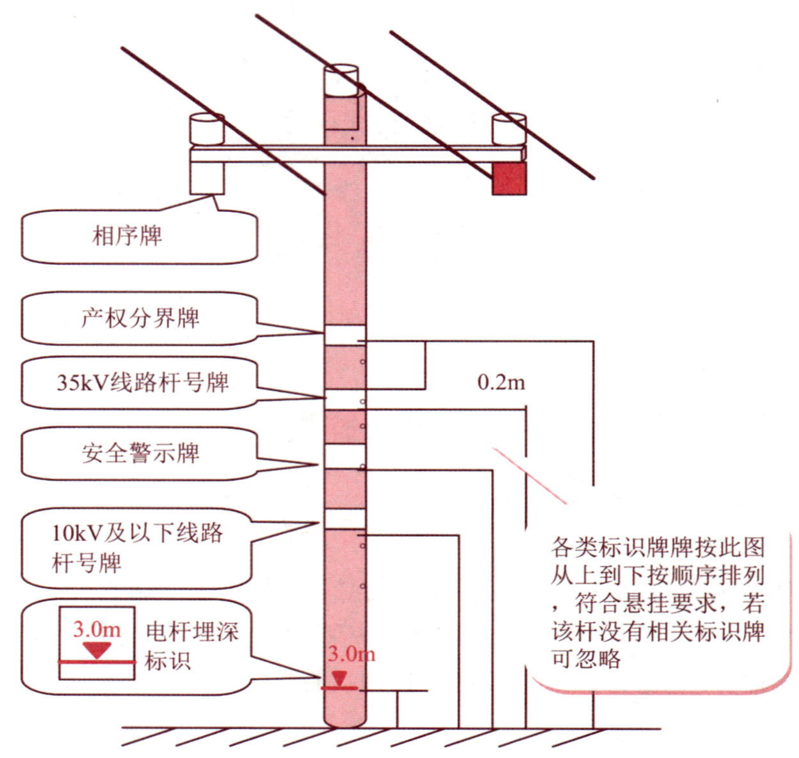

2. 悬挂位置相关说明

(1) 10kV 及以下线路杆号牌的安装对地高度3m。

(2) 安全警示牌、35kV线路杆号牌、产权分界点标识牌以10kV及以下线路杆号牌为参照，依次从下至上排列(没有的标识牌可忽略)，相邻标识牌的间距以0.2m为宜。

(3) 线路相序牌悬挂在导线悬挂点的左旁或右旁，尽量靠近对应的绝缘子串附近。

(4) 电杆埋深标识以电杆根部开始至所标注的埋深标识高度(即电杆埋设深线距地面的高度加电杆埋入的深度之和)，标识颜色为红色。

电杆埋设深度(参考)

杆高(m)	8.0	9.0	10.0	12.0	15.0	18.0	21.0
埋高(m)	1.5	1.6	1.8	2.0	2.5	3.0	3.5

(5) 标识牌排列顺序：从电杆自上而下分别为相序牌、产权分界点标识牌、35kV

线路杆号牌、安全警示牌、10kV及以下线路杆号牌、电杆埋深标识。

(6) 对于同杆架设的两条同电压等级高压电力线路，杆号牌应悬挂在同一高度及相应的线路侧。

(7) 相应的标识牌下缘距地面高度规定处有障碍物时，可以向上移动，但不能向下移动。

(8) 杆号牌的安装应面向电源侧（即杆号递减侧），若杆塔附近有道路等，杆号牌应安装在电杆易见的一侧，位置应醒目。

3. 相关要求

目前电力线路各类标识相对较多，考虑到施工人员登杆作业的安全性，请各部门在悬挂标识牌时务必装设紧固、美观（将多余的扎带缠绕起来或剪掉绑扎物），同时要保证两块标识牌之间有一定间距。

重要提示：施工人员登杆作业时，登高板严禁打在标识牌上，防止因标识牌松动、滑脱而造成人员高空坠落。

14.4.2　警示牌悬挂台账（模板）

国网××县供电公司××供电所安全警示牌台账

统计日期：2017年2月2日

警示牌名称	电力线路下禁止钓鱼
线路名称及杆号	10kV马黄484#线8#杆
警示牌地点	黄池镇殷村行政村石塘村民小组
挂设日期	2017年1月3日
警示牌照片（近景）	

续表

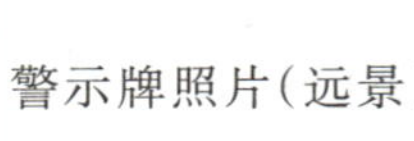 警示牌照片(远景)	

第15章　消防安全管理

15.1　基本要求

（1）依据消防管理要求和需要配置单位的消防器材，建立消防台账。

（2）落实单位消防管理责任制，明确消防管理责任人、消防检查人。

（3）消防检查人每月定期进行消防日常巡视、检查，填写灭火器材检查卡；消防负责人每季度组织一次消防安全检查，填写消防安全检查记录。

（4）按时进行消防器材检测，对于不符合要求的消防器材及时更换。

（5）积极参加公司、地方政府部门组织的消防安全培训、演练。

（6）班组成员应了解消防常识，做到"四懂"（懂本岗位发生火灾的危险性、懂本岗位预防火灾的措施、懂本岗位火灾扑救方法、懂疏散逃生方法）、"四会"（会报火警、会使用消防器材、会扑救初起火灾、会组织疏散逃生），掌握各类灭火器材使用方法。

15.2　参照文件

（1）《中华人民共和国消防法》。

（2）《国网安徽省电力有限公司关于印发〈公司电气火灾综合治理工作方案〉的通知》（皖电运检〔2018〕110号）。

15.3 相关模板

15.3.1 消防器材台账(模板)

××(单位)消防器材台账

序号	名称	配置场所	数量	规格型号	检测情况	备注
1	ABC干粉	二楼过道边	3	MFZ/ABC5	合格	
2	二氧化碳	营业厅	3	MT5	合格	

15.3.2　灭火器材检查卡(模板)

灭火器材检查卡

器材名称:干粉灭火器　　2018年

检查时间	有效期	责任人	巡查人
1月10日	至2019年12月	××	××
2月11日	至2019年12月	××	××

15.3.3 消防安全检查记录表(模板)

××(单位)消防安全检查记录表

<table>
<tr><td>检查人员</td><td>××(负责人)</td><td>检查时间</td><td>2018年1月15日</td></tr>
<tr><td>陪同检查人员</td><td colspan="3">××(安全质量员)、××(综合业务班长)、××(运检技术员)</td></tr>
<tr><td>检查形式</td><td colspan="3">1.普查;2.抽查;3.定期查;4.互查;5.抽查;6.重点查</td></tr>
<tr><td colspan="4">检查情况:
1.营业厅3个干粉灭火器已过有效检测期;
2.一楼过道1个灭火器充装量不足</td></tr>
<tr><td colspan="4">整改意见:
1.已过有效检测期的灭火器,建议检测或更换;
2.充装量不足的灭火器,建议重新充装

负责人(签字):××</td></tr>
<tr><td colspan="4">整改落实情况:
上述问题已于2018年1月20日整改

检查人员(签字):××</td></tr>
</table>

登记人:××× 登记时间:××年××月××日

第16章　交通安全管理

16.1　管理要求

（1）按照“谁使用、谁负责”的原则管理好单位的车辆，并对单位的车辆交通安全负责。

（2）督促专职、兼职驾驶员自觉遵守国家有关交通管理的法律法规和本公司相关的规章制度。

（3）督促驾驶员文明开车，不准酒后驾驶、疲劳驾驶、超速行驶。

（4）督促驾驶员积极参与各种形式的交通安全活动、培训、考试，不断增强交通安全意识和保证交通安全的能力。

（5）督促驾驶员定期维护、保养车辆和进行车辆年审、检测工作，认真做好出车前的安全检查工作。

（6）监督驾驶员不准将公司车辆交给无准驾资格的人员驾驶、操作。

（7）车辆按车管中心指定的位置停放，不得随意停放；除执行工作任务外，公司所有车辆不得停放和出入不宜进入的场所（包括住宅小区、饭店、宾馆、棋牌室、浴室、商场以及度假休闲娱乐场所等）。

（8）车辆停放时要关好车窗锁好门，做好车辆防盗工作。

16.2　参照文件

（1）《中华人民共和国交通法安全法》。

（2）《关于印发安徽省电力公司基层单位生产班组兼职驾驶管理规定的通知》（皖电安监〔2011〕320号）。

第17章 供电所安全责任清单体系

17.1 供电所安全责任

国网××县供电公司供电所安全责任清单

序号	安全职责	履责要求	履责记录
1	贯彻落实规章制度和上级工作要求	(1) 贯彻执行安全生产规章制度和操作规程; (2) 传达上级有关安全工作的文件、通知等所包含的安全工作要求; (3) 修订、复查现场规程	(1) 公文流转记录; (2) 现场规程文本; (3) 修订、复查现场规程记录
2	建立健全供电所安全责任制	(1) 建立健全供电所各岗位的安全责任制; (2) 与公司签订安全责任书。制定实现供电所年度安全目标的具体措施; (3) 制定所辖各班组安全目标,与各班组签订安全责任书; (4) 考核安全目标保障措施执行	(1) 供电所安全责任书; (2) 供电所实现年度安全目标保障措施; (3) 班组安全责任书; (4) 供电所绩效考核管理办法
3	开展安全生产教育、培训	(1) 编制年度教育、培训计划,定期检查实施情况; (2) 开展员工安全生产教育和安全技能培训; (3) 开展本所新入职人员、转岗人员安全教育培训和考试; (4) 开展安全事故警示教育活动	(1) 年度培训计划; (2) 培训材料(包括课件、人员签名、考试卷、员工培训档案等); (3) 新入职人员、转岗人员(若有)培训考试记录; (4) 事故通报学习记录

续表

序号	安全职责	履责要求	履责记录
4	开展设备运维、检修、装表接电、业扩报装等现场作业	(1) 制定供电所月、周、日安全生产工作计划； (2) 执行现场作业派工单制度、"两票三制"制度、现场勘察制度等，组织落实各项现场安全措施； (3) 制定并实施重要或大型检修(施工、操作)项目安全组织技术措施； (4) 监督检查作业现场工作开展情况	(1) 供电所月、周、日安全生产工作计划及实施记录； (2) 派工单、工作票、操作票、现场勘查记录等； (3) 重要或大型检修(施工、操作)项目安全组织技术措施； (4) 监督检查记录
5	开展隐患排查治理工作	(1) 开展日常隐患排查治理及专项隐患排查治理活动； (2) 开展安全性评价工作； (3) 对查出的问题制定整改计划并监督落实	(1) 专项检查方案、隐患排查任务分解表及排查结果； (2) 安全性评价工作方案、报告； (3) 安全检查发现的问题及整改情况
6	开展安全管理例行工作	(1) 召开供电所安全生产分析会； (2) 开展安全日活动； (3) 执行班前、班后会制度； (4) 开展"两票"管理评价； (5) 开展安全工器具及劳动保护用品检查工作	(1) 会议材料及记录； (2) 安全日活动记录； (3) 班前、班后会记录； (4) 两票评价表； (5) 安全工器具检查记录
7	开展用电安全管理工作	(1) 开展用电检查工作； (2) 开展安全用电宣传工作	(1) 用电检查通知单，双电源客户、不并网自备电源、分布式光伏电源台账及定期检查记录，安全隐患告知书，剩余电流动作保护器台账及运行记录，家保告知单； (2) 安全用电宣传活动记录
8	开展电力设施保护工作	开展包括输电线路、通信线路等属地管理在内的电力设施保护工作	(1) 巡视计划、缺陷记录； (2) 属地管理报表； (3) 电力设施保护宣传活动记录； (4) 安全隐患告知书

续表

序号	安全职责	履责要求	履责记录
9	开展供电所应急管理工作	(1) 配备必要的应急装备物资; (2) 组建应急抢修队伍; (3) 编制供电所应急预案、专项应急预案、现场处置方案; (4) 开展供电所应急培训、演练; (5) 组织供电所范围内突发事件的应急救援工作,并开展应急事件处置后评估工作; (6) 针对特殊天气、节假日及重要社会活动,组织落实保电措施方案。	(1) 应急装备物资清单; (2) 应急抢修队伍名单; (3) 供电所应急预案、专项应急预案、现场处置方案; (4) 应急培训、演练记录; (5) 事件处置后评估报告; (6) 特殊天气、节假日及重要社会活动落实保电措施和记录
10	开展信息、交通、消防、卫生、资金安全管理工作	(1) 开展信息安全教育,签订信息安全承诺书,杜绝违规外联等信息安全事件; (2) 开展日常交通安全教育工作和本所车辆的车况日常检查工作; (3) 开展防盗、防火、防破坏、防治安灾害事故工作; (4) 开展本所环境卫生、食堂卫生安全管理工作; (5) 开展电费收取资金安全管理工作	(1) 信息安全培训教育记录、信息安全承诺书; (2) 培训记录、车辆检查维护记录; (3) 消防器材检查记录、相关检查记录; (4) 环境卫生检查记录; (5) 现金盘点表、保险柜使用记录
11	开展安全事故(事件)、违章管理工作	(1) 及时、准确、完整报告安全生产事故(事件)情况; (2) 保护事故(事件)现场,配合开展事故(事件)调查工作; (3) 对本供电所发生的事故(事件)、违章,开展原因分析及考核; (4) 报送事故(事件)、违章统计报告和报表	(1) 安全事故(事件)即时报告; (2) 事故(事件)调查报告; (3) 违章分析报告及考核记录; (4) 事故(事件)、违章统计报告和报表

注　履责依据:(1)《中华人民共和国安全生产法》;(2)《中华人民共和国消防法》;(3)《中华人民共和国电力法》;(4)《中华人民共和国食品安全法》;(5)《国家电网公司安全工作规定》;(6)《国家电网公司安全职责规范》;(7)《国家电网公司安全工作规程(配电)》;(8)《国

网安徽省电力有限公司班组安全活动管理办法》;(9)《国家电网公司教育培训管理办法》;(10)《电力设施保护条例》;(11)《安徽省电力设施和电能保护实施细则》;(12)《突发公共卫生事件应急条例》;(13)《国网安徽省电力有限公司关于进一步加强重要电力用户供电管理的通知》;(14)《国网安徽省电力有限公司营销员工从事客户现场电气作业安全管控实施细则》;(15)《国家电网公司关于高危及重要客户用电安全管理工作的指导意见》;(16)《国网安徽省电力有限公司重要电力客户供用电安全服务管理规定》;(17)《国家电网公司安全隐患排查治理管理办法》;(18)《国家电网公司安全工器具管理办法》;(19)《国家电网公司安全生产反违章工作管理办法》;(20)《安徽省电力有限公司现场作业标准化管控规定》;(21)《国网安徽省电力有限公司安全生产到岗到位管理规定》;(22)《安徽省电力有限公司应急管理工作规定》;(23)《生产安全事故应急预案管理办法》;(24)《安徽省电力有限公司安全事故信息报送规定》。

17.2 供电所所长安全责任

国网××县供电公司供电所所长安全责任清单

序号	安全职责	履责要求	履责记录
1	组织贯彻落实上级规章制度和工作要求	(1)组织贯彻执行安全生产规章制度和操作规程; (2)组织传达上级有关安全工作的文件、通知等包含的安全工作要求; (3)组织修订、复查现场规程	(1)公文流转记录; (2)现场规程文本; (3)修订、复查现场规程记录
2	组织建立健全供电所安全责任制	(1)组织建立健全供电所各岗位的安全责任制; (2)组织供电所与公司签订安全责任书;制定实现供电所年度安全目标的具体措施; (3)组织制定所辖各班组安全目标,与各班组签订安全责任书; (4)组织考核安全目标保障措施执行情况	(1)供电所安全责任书; (2)供电所实现年度安全目标保障措施; (3)班组安全责任书; (4)供电所绩效考核管理办法
3	组织开展安全生产教育、培训	(1)组织编制年度教育、培训计划,定期检查实施情况; (2)组织开展员工安全生产教育和安全技能培训; (3)组织开展本所新入职人员、转岗人员安全教育培训和考试; (4)组织开展安全事故警示教育活动	(1)年度培训计划; (2)培训材料(包括课件、人员签名、考试卷、员工培训档案等); (3)新入职人员、转岗人员(若有)培训考试记录; (4)事故通报学习记录

续表

序号	安全职责	履责要求	履责记录
4	组织开展设备运维、检修、装表接电、业扩报装等现场作业	(1) 组织制定供电所月、周、日安全生产工作计划； (2) 组织执行现场作业派工单制度、“两票三制”制度、现场勘察制度等，组织落实各项现场安全措施； (3) 组织制定并实施重要或大型检修(施工、操作)项目安全组织技术措施； (4) 监督检查作业现场工作开展情况	(1) 供电所月、周、日安全生产工作计划及实施记录； (2) 派工单、工作票、操作票、现场勘查记录等； (3) 重要或大型检修(施工、操作)项目安全组织技术措施； (4) 监督、检查记录
5	组织开展隐患排查治理工作	(1) 组织开展日常隐患排查治理及专项隐患排查治理活动； (2) 组织开展安全性评价工作； (3) 组织对查出的问题制定整改计划并监督落实	(1) 专项检查方案、隐患排查任务分解表及排查结果； (2) 安全性评价工作方案、报告； (3) 安全检查发现的问题及整改情况
6	组织开展安全管理例行工作	(1) 组织召开供电所安全生产分析会； (2) 组织开展安全日活动； (3) 组织执行班前、班后会制度； (4) 组织开展“两票”管理评价； (5) 组织开展安全工器具及劳动保护用品检查	(1) 会议材料及记录； (2) 安全日活动记录； (3) 班前、班后会记录； (4)“两票”评价表； (5) 安全工器具检查记录
7	组织开展用电安全管理工作	(1) 组织开展用电检查工作； (2) 组织开展安全用电宣传工作	(1) 用电检查通知单，双电源客户、不并网自备电源、分布式光伏电源台账及定期检查记录，安全隐患告知书，剩余电流动作保护器台账及运行记录，家保告知单； (2) 安全用电宣传活动记录

续表

序号	安全职责	履责要求	履责记录
8	组织开展电力设施保护工作	组织开展包括输电线路、通信线路等属地管理在内的电力设施保护工作	(1) 巡视计划、缺陷记录； (2) 属地管理报表； (3) 电力设施保护宣传活动记录； (4) 安全隐患告知书
9	组织开展供电所应急管理工作	(1) 配备必要的应急装备物资； (2) 组建应急抢修队伍； (3) 编制供电所应急预案、专项应急预案、现场处置方案； (4) 开展供电所应急培训、演练； (5) 组织供电所范围内突发事件的应急救援工作，并开展应急事件处置后评估工作； (6) 针对特殊天气、节假日及重要社会活动，组织落实保电措施方案	(1) 应急装备物资清单； (2) 应急抢修队伍名单； (3) 供电所应急预案、专项应急预案、现场处置方案； (4) 应急培训、演练记录； (5) 事件处置后评估报告； (6) 特殊天气、节假日及重要社会活动落实保电措施和记录
10	组织开展信息、交通、消防、卫生、资金安全管理工作	(1) 组织开展信息安全教育，签订信息安全承诺书，杜绝违规外联等信息安全事件； (2) 组织开展日常交通安全教育工作和本所车辆的车况日常检查工作； (3) 组织开展防盗、防火、防破坏、防治安灾害事故工作； (4) 组织开展本所环境卫生、食堂卫生安全管理工作； (5) 组织开展电费收取资金安全管理工作	(1) 信息安全培训教育记录、信息安全承诺书； (2) 培训记录、车辆检查维护记录； (3) 消防器材检查记录、相关检查记录； (4) 环境卫生检查记录； (5) 现金盘点表、保险柜使用记录

续表

序号	安全职责	履责要求	履责记录
11	开展安全事故（事件）、违章管理工作	（1）组织及时、准确、完整报告安全生产事故（事件）情况； （2）保护事故（事件）现场，配合开展事故（事件）调查工作； （3）组织对本供电所发生的事故（事件）、违章，开展原因分析及考核； （4）组织报送事故（事件）、违章统计报告和报表	（1）安全事故（事件）即时报告； （2）事故（事件）调查报告； （3）违章分析报告及考核记录； （4）事故（事件）、违章统计报告和报表

注　履责依据：（1）《中华人民共和国安全生产法》；（2）《中华人民共和国消防法》；（3）《中华人民共和国电力法》；（4）《中华人民共和国食品安全法》；（5）《国家电网公司安全工作规定》；（6）《国家电网公司安全职责规范》；（7）《国家电网公司安全工作规程（配电）》；（8）《国网安徽省电力有限公司班组安全活动管理办法》；（9）《国家电网公司教育培训管理办法》；（10）《电力设施保护条例》；（11）《安徽省电力设施和电能保护实施细则》；（12）《突发公共卫生事件应急条例》；（13）《国网安徽省电力有限公司关于进一步加强重要电力用户供电管理的通知》；（14）《国网安徽省电力有限公司营销员工从事客户现场电气作业安全管控实施细则》；（15）《国家电网公司关于高危及重要客户用电安全管理工作的指导意见》；（16）《国网安徽省电力有限公司重要电力客户供用电安全服务管理规定》；（17）《国家电网公司安全隐患排查治理管理办法》；（18）《国家电网公司安全工器具管理办法》；（19）《国家电网公司安全生产反违章工作管理办法》；（20）《安徽省电力有限公司现场作业标准化管控规定》；（21）《国网安徽省电力有限公司安全生产到岗到位管理规定》；（22）《安徽省电力有限公司应急管理工作规定》；（23）《全能型乡镇供电所标准化作业规范》；24.《安徽省电力有限公司安全事故信息报送规定》。

17.3 供电所支部书记安全责任

国网××县供电公司供电所支部书记安全责任清单

序号	安全职责	履责要求	履责记录
1	负责组织、指导党支部完成全年安全工作目标	(1) 负责把安全生产工作列入党支部的重要议事日程； (2) 参与本单位有关安全生产的重要活动； (3) 动员和组织党员、团员积极参加各种安全生产活动； (4) 抓好班子安全队伍建设，充分发挥党组织对安全生产的保证和监督作用 (5) 落实供电所党风廉政建设工作	(1) 党支部“三会一课”记录； (2) 安全活动记录； (3) 党支部活动记录； (4) 活动开展记录； (5) 员工廉洁承诺书
2	负责落实本单位企业文化建设和宣传工作	(1) 充分发挥党支部对安全生产的保证和监督作用，推进企业安全文化建设； (2) 组织开展本所安全文化建设，围绕安全生产形势，对职工进行安全思想、敬业精神和遵章守纪进行教育，使职工树立起牢固的“安全第一”思想	(1) 党支部活动记录； (2) 宣传记录、教育学习记录
3	负责贯彻安全规定和参与事故调查工作	(1) 熟悉《国家电网公司安全生产工作规定》、各项安全工作要求，并督促各班组贯彻落实； (2) 配合纪检部门参与有关事故的调查处理工作； (3) 组织依法依规、依法治企各项规定的学习，督促其落实	(1) 党支部“三会一课”记录； (2) 事故(事件)调查报告； (3) 会议记录

注　履责依据：(1)《中华人民共和国安全生产法》；(2)《国家电网公司安全工作规定(配电)》；(3)《国家电网公司安全职责规范》；(4)《生产安全事故应急预案管理办法》；(5)《安徽省电力有限公司安全事故信息报送规定》；(6)《全能型乡镇供电所标准化作业规范》。

17.4　供电所副所长安全责任

国网××县供电公司供电所副所长安全责任清单

序号	安全职责	履责要求	履责记录
1	协助组织贯彻落实规章制度和上级工作要求	(1) 协助组织贯彻执行安全生产规章制度和操作规程； (2) 协助组织传达上级有关安全工作的文件、通知等包含的安全工作要求； (3) 协助组织修订、复查现场规程	(1) 公文流转记录； (2) 现场规程文本； (3) 修订、复查现场规程记录
2	协助组织建立健全供电所安全责任制	(1) 协助组织建立健全供电所各岗位的安全责任制； (2) 协助组织供电所与公司签订安全责任书；制定实现供电所年度安全目标的具体措施； (3) 协助组织制定所辖各班组安全目标，与各班组签订安全责任书； (4) 协助组织考核安全目标保障措施执行情况	(1) 供电所安全责任书； (2) 供电所实现年度安全目标保障措施； (3) 班组安全责任书； (4) 供电所绩效考核管理办法
3	协助组织开展安全生产教育、培训	(1) 协助组织编制年度教育、培训计划，定期检查实施情况； (2) 协助组织开展员工安全生产教育和安全技能培训； (3) 协助组织开展本所新入职人员、转岗人员安全教育培训和考试； (4) 协助组织开展安全事故警示教育活动	(1) 年度培训计划； (2) 培训材料(包括课件、人员签名、考试卷、员工培训档案等)； (3) 新入职人员、转岗人员(若有)培训考试记录； (4) 事故通报学习记录

续表

序号	安全职责	履责要求	履责记录
4	协助组织开展设备运维、检修、装表接电、业扩报装等现场作业	(1) 协助组织制定供电所月、周、日安全生产工作计划； (2) 协助组织执行现场作业派工单制度、“两票三制”制度、现场勘察制度等，组织落实各项现场安全措施； (3) 协助组织制定并实施重要或大型检修(施工、操作)项目安全组织技术措施； (4) 协助监督检查作业现场工作开展情况	(1) 供电所月、周、日安全生产工作计划及实施记录； (2) 派工单、工作票、操作票、现场勘查记录等； (3) 重要或大型检修(施工、操作)项目安全组织技术措施； (4) 监督、检查记录
5	协助组织开展隐患排查治理工作	(1) 协助组织开展日常隐患排查治理及专项隐患排查治理活动； (2) 协助组织开展安全性评价工作； (3) 协助组织对查出的问题制定整改计划并监督落实	(1) 专项检查方案、隐患排查任务分解表及排查结果； (2) 安全性评价工作方案、报告； (3) 安全检查发现的问题及整改情况
6	协助组织开展安全管理例行工作	(1) 协助组织召开供电所安全生产分析会； (2) 协助组织开展安全日活动； (3) 协助组织执行班前、班后会制度； (4) 协助组织开展“两票”管理评价； (5) 协助组织开展安全工器具及劳动保护用品检查	(1) 会议材料及记录； (2) 安全日活动记录； (3) 班前、班后会记录； (4) “两票”评价表； (5) 安全工器具检查记录
7	协助组织开展用电安全管理工作	(1) 协助组织开展用电检查工作； (2) 协助组织开展安全用电宣传工作	(1) 用电检查通知单，双电源客户、不并网自备电源、分布式光伏电源台账及定期检查记录，安全隐患告知书，剩余电流动作保护器台账及运行记录，家保告知单； (2) 安全用电宣传活动记录

续表

序号	安全职责	履责要求	履责记录
8	协助组织开展电力设施保护工作	协助组织开展包括输电线路、通信线路等属地管理在内的电力设施保护工作	(1) 巡视计划、缺陷记录； (2) 属地管理报表； (3) 电力设施保护宣传活动记录； (4) 安全隐患告知书
9	协助组织开展供电所应急管理工作	(1) 协助配备必要的应急装备物资； (2) 协助组建应急抢修队伍； (3) 协助编制供电所应急预案、专项应急预案、现场处置方案； (4) 协助开展供电所应急培训、演练； (5) 协助组织供电所范围内突发事件的应急救援工作，并开展应急事件处置后评估工作； (6) 针对特殊天气、节假日及重要社会活动，协助组织落实保电措施方案	(1) 应急装备物资清单； (2) 应急抢修队伍名单； (3) 供电所应急预案、专项应急预案、现场处置方案； (4) 应急培训、演练记录； (5) 事件处置后评估报告； (6) 特殊天气、节假日及重要社会活动落实保电措施和记录
10	协助组织开展信息、交通、消防、卫生、资金安全管理工作	(1) 协助组织开展信息安全教育，签订信息安全承诺书，杜绝违规外联等信息安全事件； (2) 协助组织开展日常交通安全教育工作和本所车辆的车况日常检查； (3) 协助组织开展防盗、防火、防破坏、防治安灾害事故工作； (4) 协助组织开展本所环境卫生、食堂卫生安全管理工作； (5) 协助组织开展电费收取资金安全管理工作	(1) 信息安全培训教育记录、信息安全承诺书； (2) 培训记录、车辆检查维护记录； (3) 消防器材检查记录、相关检查记录； (4) 环境卫生检查记录； (5) 现金盘点表、保险柜使用记录

续表

序号	安全职责	履责要求	履责记录
11	协助开展安全事故(事件)、违章管理工作	(1) 协助组织及时、准确、完整报告安全生产事故(事件)情况; (2) 协助组织保护事故(事件)现场,配合开展事故(事件)调查工作; (3) 协助组织对本供电所发生的事故(事件)、违章,开展原因分析及考核; (4) 协助组织报送事故(事件)、违章统计报告和报表	(1) 安全事故(事件)即时报告; (2) 事故(事件)调查报告; (3) 违章分析报告及考核记录; (4) 事故(事件)、违章统计报告和报表

注 履责依据:(1)《中华人民共和国安全生产法》;(2)《中华人民共和国消防法》;(3)《中华人民共和国电力法》;(4)《中华人民共和国食品安全法》;(5)《国家电网公司安全工作规定》;(6)《国家电网公司安全职责规范》;(7)《国家电网公司安全工作规程(配电)》;(8)《国网安徽省电力有限公司班组安全活动管理办法》;(9)《国家电网公司教育培训管理办法》;(10)《电力设施保护条例》;(11)《安徽省电力设施和电能保护实施细则》;(12)《突发公共卫生事件应急条例》;(13)《国网安徽省电力有限公司关于进一步加强重要电力用户供电管理的通知》;(14)《国网安徽省电力有限公司营销员工从事客户现场电气作业安全管控实施细则》;(15)《国家电网公司关于高危及重要客户用电安全管理工作的指导意见》;(16)《国网安徽省电力有限公司重要电力客户供用电安全服务管理规定》;(17)《国家电网公司安全隐患排查治理管理办法》;(18)《国家电网公司安全工器具管理办法》;(19)《国家电网公司安全生产反违章工作管理办法》;(20)《安徽省电力有限公司现场作业标准化管控规定》;(21)《国网安徽省电力有限公司安全生产到岗到位管理规定》;(22)《安徽省电力有限公司应急管理工作规定》;(23)《全能型乡镇供电所标准化作业规范》;(24)《安徽省电力有限公司安全事故信息报送规定》。

17.5　供电所安全质量员安全责任

国网××县供电公司供电所安全质量员安全责任清单

序号	安全职责	履责要求	履责记录
1	负责贯彻落实上级规章制度和工作要求	(1) 负责贯彻执行安全生产规章制度和操作规程； (2) 负责传达上级有关安全工作的文件、通知等包含的安全工作要求； (3) 负责修订、复查现场规程	(1) 公文流转记录； (2) 现场规程文本； (3) 修订、复查现场规程记录
2	负责建立健全供电所安全责任制	(1) 负责组织建立健全供电所各岗位的安全责任制； (2) 负责组织供电所与公司签订安全责任书；制定实现供电所年度安全目标的具体措施； (3) 负责制定班组安全目标，负责与各班组签订安全责任书； (4) 负责考核安全目标保障措施执行情况	(1) 供电所安全责任书； (2) 供电所实现年度安全目标保障措施； (3) 班组安全责任书； (4) 供电所绩效考核管理办法
3	负责开展安全生产教育、培训	(1) 负责编制年度教育、培训计划，定期检查实施情况； (2) 负责组开展员工安全生产教育和安全技能培训； (3) 负责开展本所新入职人员、转岗人员、临时用工人员等安全教育培训和考试； (4) 负责开展安全事故警示教育活动； (5) 开展信息安全教育，签订信息安全承诺书，杜绝违规外联等信息安全事件	(1) 年度培训计划； (2) 培训材料（包括课件、人员签名、考试卷、员工培训档案等）； (3) 新入职人员、转岗人员（若有）培训考试记录； (4) 事故通报学习记录； (5) 信息安全培训教育记录、信息安全承诺书

续表

序号	安全职责	履责要求	履责记录
4	开展安全管理例行工作	(1) 负责开展年度安全主题活动等安全活动及各类专项安全检查； (2) 负责开展安全日活动、月度安全分析会； (3) 负责开展“两票”管理评价； (4) 负责安全工器具、施工器(机)具检查、消防安全管理； (5) 负责监督检查作业现场工作开展情况	(1) 各安全活动、安全检查总结等； (2) 安全日活动记录、会议材料及记录； (3) “两票”评价表； (4) 安全工器具、消防器材检查记录等； (5) 监督、检查记录
5	负责开展安全隐患治理和各类安全检查	(1) 协助组织开展安全用电宣传和安全用电检查； (2) 负责开展各类专项安全检查及隐患排查治理活动； (3) 负责开展本单位交通、信息、消防安全管理； (4) 负责组织开展电力设施的保护工作	(1) 安全用电宣传活动记录、用电检查通知单； (2) 专项检查方案、安全检查发现的问题及整改情况汇总表、总结、隐患整治通知单； (3) 车辆维护记录、消防器检查记录、信息安全承诺书； (4) 属地电保管理报表、安全隐患告知书
6	负责开展供电所应急管理工作	(1) 负责协助配备必要的应急装备物资； (2) 负责组建应急抢修队伍； (3) 负责编制供电所应急预案、专项应急预案、现场处置方案； (4) 负责开展供电所应急培训、演练； (5) 参与供电所范围内突发事件的应急救援工作，负责开展应急事件处置后评估工作； (6) 针对特殊天气、节假日及重要社会活动，负责落实保电措施方案	(1) 应急装备物资清单； (2) 应急抢修队伍名单； (3) 供电所应急预案、专项应急预案、现场处置方案； (4) 应急培训、演练记录； (5) 事件处置后评估报告； (6) 特殊天气、节假日及重要社会活动落实保电措施和记录

续表

序号	安全职责	履责要求	履责记录
7	负责安全事故(事件)、违章管理工作	(1) 及时、准确、完整地报告安全生产事故(事件)情况; (2) 保护事故(事件)现场,配合开展事故(事件)调查工作; (3) 负责对本供电所发生的事故(事件)、违章,开展原因分析及考核; (4) 负责报送事故(事件)、违章统计报告和报表	(1) 安全事故(事件)即时报告; (2) 事故(事件)调查报告; (3) 违章分析报告及考核记录; (4) 事故(事件)、违章统计报告和报表

注　履责依据:(1)《中华人民共和国安全生产法》;(2)《中华人民共和国消防法》;(3)《中华人民共和国电力法》;(4)《中华人民共和国食品安全法》;(5)《国家电网公司安全工作规定》;(6)《国家电网公司安全职责规范》;(7)《国家电网公司安全工作规程(配电)》;(8)《国网安徽省电力有限公司班组安全活动管理办法》;(9)《国家电网公司教育培训管理办法》;(10)《电力设施保护条例》;(11)《安徽省电力设施和电能保护实施细则》;(12)《突发公共卫生事件应急条例》;(13)《国家电网公司安全隐患排查治理管理办法》;(14)《国家电网公司安全工器具管理办法》;(15)《国家电网公司安全生产反违章工作管理办法》;(16)《安徽省电力有限公司现场作业标准化管控规定》;(17)《国网安徽省电力有限公司安全生产到岗到位管理规定》;(18)《安徽省电力有限公司应急管理工作规定》;(19)《全能型乡镇供电所标准化作业规范》;(20)《安徽省电力有限公司安全事故信息报送规定》。

17.6 供电所运检技术员安全责任

国网××县供电公司供电所运检技术员安全责任清单

序号	安全职责	履责要求	履责记录
1	严格遵守本单位安全生产规章制度和操作规程	(1) 严格遵守安全规章制度、操作规程和劳动纪律,不违章作业; (2) 与供电所所长签订安全承诺书; (3) 对影响安全生产的重大问题及时向主管领导汇报,并提出改进意见	(1) 安全承诺书; (2) 安全技术意见
2	参加安全生产教育和岗位技能培训	(1) 参加供电所安全教育培训;掌握紧急救护法,特别是触电急救; (2) 新工艺、新技术、新设备、新材料运用时参与实际操作和现场安全培训; (3) 参加信息安全教育,签订信息安全承诺书,杜绝违规外联等信息安全事件	(1) 培训记录(签名、考试卷、考试成绩统计等); (2) 新工艺、新技术、新材料或新设备培训记录(若有); (3) 信息安全培训教育记录、信息安全承诺书
3	负责实施反事故技术措施	(1) 组织编制本年度反事故技术措施计划; (2) 负责临时用电、自备电源、分布式光伏电源、充电桩的安全技术管理	(1) 反事故技术措施计划执行情况表; (2) 低压双电源(自备电源)、分布式光伏电源、充电桩安全技术管理记录

续表

序号	安全职责	履责要求	履责记录
4	负责开展配网设备运维、检修技术管理工作	(1) 负责制定供电所月、周、日安全生产工作计划； (2) 负责制定并实施重要或大型检修(施工、操作)项目安全组织技术措施； (3) 负责检查检修工艺质量,并督促问题整改； (4) 负责组织开展配电设备评级及线路设备技术资料管理工作； (5) 负责开展停电情况分析； (6) 负责组织线路设备巡视工作	(1) 供电所月、周、日安全生产工作计划及实施记录； (2) 重要或大型检修(施工、操作)项目安全组织技术措施； (3) 隐患缺陷台账及排查治理记录； (4) 设备台账、图纸资料、其他相关安全技术资料； (5) 停电记录及分析材料； (6) 线路设备巡视计划、设备巡视记录
5	参加供电所安全管理工作	(1) 参加春、秋季安全大检查及各类专项安全检查活动； (2) 参加供电所安全日活动、安全分析会； (3) 参加供电所安全工器具、消防等安全管理工作； (4) 参加供电所应急管理相关工作； (5) 负责配备必要的应急装备物资	(1) 安全活动、安全检查结果； (2) 安全日活动记录、会议记录； (3) 安全工器具、消防器材检查记录； (4) 应急管理相关记录； (5) 应急装备物资清单
6	协助开展安全事故(事件)、违章管理工作	(1) 参加有关事故(事件)的调查处理,分析原因； (2) 参与编写、审核事故调查报告和事故统计报表； (3) 协助参与监督检查作业现场工作开展情况	(1) 安全事故(事件)即时报告、事故(事件)调查报告； (2) 事故(事件)、违章统计报告和报表； (3) 监督检查记录

注　履责依据:(1)《中华人民共和国安全生产法》;(2)《国家电网公司安全工作规定》;(3)《国家电网公司安全职责规范》;(4)《国家电网公司安全工作规程(配电)》;(5)《国网安徽省

电力有限公司班组安全活动管理办法》;(6)《国家电网公司教育培训管理办法》;(7)《国网安徽省电力有限公司关于进一步加强重要电力用户供电管理的通知》;(8)《国网安徽省电力有限公司营销员工从事客户现场电气作业安全管控实施细则》;(9)《国家电网公司关于高危及重要客户用电安全管理工作的指导意见》;(10)《国网安徽省电力有限公司重要电力客户供用电安全服务管理规定》;(11)《国家电网公司安全隐患排查治理管理办法》;(12)《国家电网公司安全生产反违章工作管理办法》;(13)《安徽省电力有限公司现场作业标准化管控规定》;(14)《国网安徽省电力有限公司安全生产到岗到位管理规定》;(15)《全能型乡镇供电所标准化作业规范;(16)《安徽省电力有限公司安全事故信息报送规定》。

17.7　供电所营销管理员安全责任

国网××县供电公司供电所营销管理员安全责任清单

序号	安全职责	履责要求	履责记录
1	严格遵守本单位安全生产规章制度和操作规程	(1) 严格遵守安全规章制度、操作规程和劳动纪律,不违章作业; (2) 严格执行派工制、"两票三制",落实《国网安徽省电力有限公司营销员工从事客户现场电气作业安全管控实施细则》等; (3) 与所长签订安全承诺书	(1) 派工单、工作票; (2) 安全承诺书
2	参加安全生产教育和岗位技能培训	(1) 参加供电所安全教育培训;掌握紧急救护法,特别是触电急救; (2) 参加信息安全教育,签订信息安全承诺书,杜绝违规外联等信息安全事件	(1) 培训记录(签名、考试卷、考试成绩统计等); (2) 信息安全培训教育记录、信息安全承诺书
3	负责开展用电安全管理工作	(1) 负责组织开展安全用电宣传和安全用电检查; (2) 参与电能计量装置重大故障、差错调查与处理,提出反事故措施; (3) 确保用电检查、高危及重要客户安全用电服务、特殊时段客户端保供电等工作现场安全措施的合理性、可靠性、完整性	(1) 安全用电宣传活动记录、用电检查通知单; (2) 安全检查问题统计表、隐患巡视记录、整改记录; (3) 用电检查记录、保电实施记录

续表

序号	安全职责	履责要求	履责记录
4	参加供电所安全管理工作	(1) 参加春、秋季安全大检查等安全活动及各类专项安全检查； (2) 参加供电所安全日活动、安全分析会； (3) 参加供电所安全工器具、消防等安全管理工作； (4) 参加供电所应急管理相关工作	(1) 安全活动、安全检查结果； (2) 安全日活动记录、会议记录； (3) 安全工器具、消防器材检查记录； (4) 应急管理相关记录

注　履责依据:(1)《中华人民共和国安全生产法》;(2)《国家电网公司安全工作规定》;(3)《国家电网公司安全职责规范》;(4)《国家电网公司安全工作规程(配电)》;(5)《国网安徽省电力有限公司班组安全活动管理办法》;(6)《国家电网公司教育培训管理办法》;(7)《国网安徽省电力有限公司关于进一步加强重要电力用户供电管理的通知》;(8)《国网安徽省电力有限公司营销员工从事客户现场电气作业安全管控实施细则》;(9)《国家电网公司关于高危及重要客户用电安全管理工作的指导意见》;(10)《国网安徽省电力有限公司重要电力客户供用电安全服务管理规定》;(11)《国家电网公司安全隐患排查治理管理办法》;(12)《国家电网公司安全生产反违章工作管理办法》;(13)《全能型乡镇供电所标准化作业规范》。

17.8　供电所综合柜员安全责任

国网××县供电公司供电所综合柜员安全责任清单

序号	安全职责	履责要求	履责记录
1	严格遵守本单位安全生产职责规范	(1) 严格遵守安全规章制度、操作规程和劳动纪律,不违章作业; (2) 与班长签订安全承诺书、“十不干”知晓书	安全承诺书、“十不干”知晓书
2	参加安全生产教育和岗位技能培训	(1) 参加供电所安全教育培训;学会紧急救护法,特别是触电急救; (2) 参加信息安全教育,签订信息安全承诺书,杜绝违规外联等信息安全事件	(1) 培训记录(签名、考试卷、考试成绩统计等); (2) 信息安全培训教育记录、信息安全承诺书
3	负责资金安全管理	(1) 负责电费收取、资金交存、收费对账及代收费管理等资金安全; (2) 负责上报相关报表,数据安全可靠	(1) 现金盘点表、保险柜使用记录; (2) 模块记录(SG186系统)
4	参加班组安全管理工作	(1) 参加春、秋季安全大检查及各类专项安全检查活动; (2) 参加安全日活动; (3) 参加班组消防安全管理; (4) 参加班组应急管理相关工作	(1) 安全活动、安全检查记录; (2) 安全日活动记录; (3) 消防器材检查记录; (4) 应急管理相关记录

注　履责依据:(1)《中华人民共和国安全生产法》;(2)《国家电网公司安全工作规定》;(3)《国家电网公司安全职责规范》;(4)《国网安徽省电力有限公司班组安全活动管理办法》;(5)《国家电网公司教育培训管理办法》;(6)《国家电网公司安全隐患排查治理管理办法》;(7)《全能型乡镇供电所标准化作业规范》;(8)《安徽省电力有限公司应急管理工作规定》。

17.9 供电所物资保管员安全责任

国网××县供电公司供电所物资保管员安全责任清单

序号	安全职责	履责要求	履责记录
1	严格遵守本单位安全生产职责规范	(1) 严格遵守安全规章制度、操作规程和劳动纪律,不违章作业; (2) 与班长签订安全承诺书、"十不干"知晓书	安全承诺书、"十不干"知晓书
2	参加安全生产教育和岗位技能培训	(1) 参加供电所安全教育培训;掌握紧急救护法,特别是触电急救; (2) 参加信息安全教育,签订信息安全承诺书,杜绝违规外联等信息安全事件	(1) 培训记录(签名、考试卷、考试成绩统计等); (2) 信息安全培训教育记录、信息安全承诺书
3	负责仓库安全管理	(1) 负责库房的安全管理工作,检查库房的防火防盗设施; (2) 负责安排库内物品堆放,预留足够宽敞的出入通道和安全距离、安全高度	(1) 消防器材检查记录; (2) 物资管理记录
4	参加班组安全管理工作	(1) 参加春、秋季安全大检查及各类专项安全检查活动; (2) 参加安全日活动; (3) 参加班组消防安全管理; (4) 参加班组应急管理相关工作	(1) 安全活动、安全检查记录; (2) 安全日活动记录; (3) 消防器材检查记录; (4) 应急管理相关记录

注　履责依据:(1)《中华人民共和国安全生产法》;(2)《中华人民共和国消防法》;(3)《国家电网公司安全工作规定》;(4)《国家电网公司安全职责规范》;(5)《国网安徽省电力有限公司班组安全活动管理办法》;(6)《国家电网公司教育培训管理办法》;(7)《国家电网公司安全隐患排查治理管理办法》;(8)《全能型乡镇供电所标准化作业规范》;(9)《安徽省电力有限公司安全事故信息报送规定》。

17.10　供电所档案管理员安全责任

国网××县供电公司供电所档案管理员安全责任清单

序号	安全职责	履责要求	履责记录
1	严格遵守本单位安全生产职责规范	(1) 严格遵守安全规章制度、操作规程和劳动纪律,不违章作业; (2) 与班长签订安全承诺书、“十不干”知晓书	安全承诺书、“十不干”知晓书
2	参加安全生产教育和岗位技能培训	(1) 参加供电所安全教育培训;掌握紧急救护法,特别是触电急救; (2) 参加信息安全教育,签订信息安全承诺书,杜绝违规外联等信息安全事件	(1) 培训记录(签名、考试卷、考试成绩统计等); (2) 信息安全培训教育记录、信息安全承诺书
3	负责档案保管工作,维护档案的完整与安全	(1) 负责上级颁布的各种法令、规程、标准及各类文件、通知的收集、整理、归档工作; (2) 负责乡镇供电所各类内部制度、技术台账资料、原始资料的收集、整理、归档工作; (3) 建立乡镇供电所基础标准目录,建立并完善计算机检索查询标准	(1) 乡镇供电所法律法规清册; (2) 纸质资料与电子档并存运行
4	参加班组安全管理工作	(1) 参加春、秋季安全大检查及各类专项安全检查活动; (2) 参加安全日活动; (3) 参加班组消防安全管理工作; (4) 参加班组应急管理相关工作	(1) 安全活动、安全检查记录; (2) 安全日活动记录; (3) 消防器材检查记录; (4) 应急管理相关记录

注　履责依据:(1)《中华人民共和国安全生产法》;(2)《国家电网公司安全工作规定》;(3)《国家电网公司安全职责规范》;(4)《国网安徽省电力有限公司班组安全活动管理办法》;(5)《国家电网公司教育培训管理办法》;(6)《国家电网公司安全隐患排查治理管理办法》;(7)《全能型乡镇供电所标准化作业规范》;(8)《安徽省电力有限公司应急管理工作规定》。

17.11 供电所后勤管理员安全责任

国网××县供电公司供电所后勤管理员安全责任清单

序号	安全职责	履责要求	履责记录
1	严格遵守本单位安全生产职责规范	(1) 严格遵守安全规章制度、操作规程和劳动纪律,不违章作业; (2) 与班长签订安全承诺书、"十不干"知晓书	安全承诺书、"十不干"知晓书
2	参加安全生产教育和岗位技能培训	(1) 参加供电所安全教育培训;掌握紧急救护法,特别是触电急救; (2) 参加信息安全教育,签订信息安全承诺书,杜绝违规外联等信息安全事件	(1) 培训记录(签名、考试卷、考试成绩统计等); (2) 信息安全培训教育记录、信息安全承诺书
3	负责食堂安全管理	(1) 负责食堂易燃易爆物品的安全管理工作,防止火灾和爆炸事故发生; (2) 负责提醒并做好职工定期身体健康检查工作,保障工作环境卫生;督促做好工作区、生活区的消防工作;负责特种设备及危险品的安全管理与监督工作; (3) 负责贯彻执行有关医疗保健、食品安全、环境卫生及生活福利设施等方面的政策、法规及规定	(1) 供电所环境卫生责任区划分牌; (2) 消防器材检查记录; (3) 环境卫生检查记录
4	参加班组安全管理工作	(1) 参加春、秋季安全大检查及各类专项安全检查活动; (2) 参加安全日活动; (3) 参加班组消防安全管理工作; (4) 参加班组应急管理相关工作	(1) 安全活动、安全检查记录; (2) 安全日活动记录; (3) 消防器材检查记录; (4) 应急管理相关记录

注　履责依据:(1)《中华人民共和国安全生产法》;(2)《中华人民共和国消防法》;(3)《中华人民共和国食品安全法》;(4)《国家电网公司安全工作规定》;(5)《国家电网公司安全职责规范》;(6)《国网安徽省电力有限公司班组安全活动管理办法》;(7)《国家电网公司教育培训管理办法》;(8)《突发公共卫生事件应急条例》;(9)《国家电网公司安全隐患排查治理管理办法》;(10)《全能型乡镇供电所标准化作业规范》;(11)《安徽省电力有限公司应急管理工作规定》。

17.12　供电所综合业务班(内勤班)安全责任

国网××县供电公司供电所综合业务班(内勤班)安全责任清单

序号	安全职责	履责要求	履责记录
1	建立健全班组安全生产责任制,落实安全目标责任制	(1) 建立健全本所班组的岗位安全责任制; (2) 制定并实施实现本所班组年度安全目标的保障措施; (3) 与班组所有成员签订安全承诺书	(1) 班组安全责任书; (2) 班组实现年度安全目标保障措施; (3) 班组成员安全承诺书、"十不干"知晓书
2	开展班组安全生产教育、培训、安全日活动	(1) 制定并实施班组安全教育培训计划; (2) 开展班组员工安全生产教育和安全技能培训; (3) 组织对班组新入职人员、转岗人员进行安全教育培训和考试; (4) 开展班组安全事故警示教育活动; (5) 开展信息安全教育,签订信息安全承诺书,杜绝违规外联等信息安全事件; (6) 开展安全日活动	(1) 年度培训计划; (2) 培训材料(包括课件、人员签名、考试卷、员工培训档案等); (3) 新入职人员、转岗人员培训考试记录; (4) 事故通报学习记录; (5) 信息安全培训教育记录、信息安全承诺书; (6) 安全日活动记录
3	开展压业扩报装的受理、传递、答复和业务收费、后勤管理等综合业务工作安全管理工作	(1) 开展电费收取、资金交存、收费对账及代收费管理等资金安全管理工作; (2) 开展日常交通安全教育培训和本所车辆的车况日常检查工作; (3) 开展本所防盗、防火、防破坏、防治安灾害事故工作; (4) 开展本所环境卫生、食堂卫生安全管理工作; (5) 配合开展电力优质服务、安全用电知识宣传和客户满意度调查工作,指导客户安全、规范、合理用电	(1) 现金盘点表、保险柜使用记录; (2) 培训记录、车辆检查维护记录; (3) 消防器材检查记录、相关检查记录; (4) 环境卫生检查记录; (5) 安全用电宣传记录

续表

序号	安全职责	履责要求	履责记录
4	开展隐患排查治理工作	(1) 开展日常隐患排查治理及专项隐患排查治理活动; (2) 对查出的问题制定整改计划并监督落实; (3) 开展班组日常检查工作(包括工作环境、消防器材、警示标志、通风装置等)	(1) 专项检查方案、隐患排查任务分解表及排查结果; (2) 安全检查发现的问题及整改情况; (3) 消防器材检查记录等
5	开展班组应急管理工作	(1) 编制本专业(营业厅供电服务、消防)应急处置方案; (2) 开展应急培训; (3) 参加应急处置; (4) 针对特殊天气、节假日及重要社会活动,落实保电措施方案	(1) 应急处置方案; (2) 应急培训记录; (3) 应急救援记录; (4) 特殊天气、节假日及重要社会活动落实保电措施和记录
6	开展安全(事故)事件、违章管理工作	(1) 执行电力安全事故(事件)报告制度;不迟报、漏报、谎报或者瞒报; (2) 开展事故现场保护,配合开展事故调查工作; (3) 对本班组发生的事故(事件)、违章,开展原因分析及考核	(1) 安全事故(事件)即时报告; (2) 安全事故(事件)调查报告; (3) 违章分析报告及处罚记录

注　履责依据:(1)《中华人民共和国安全生产法》;(2)《中华人民共和国消防法》;(3)《中华人民共和国食品安全法》;(4)《国家电网公司安全工作规定》;(5)《国家电网公司安全职责规范》;(6)《国网安徽省电力有限公司班组安全活动管理办法》;(7)《国家电网公司教育培训管理办法》;(8)《突发公共卫生事件应急条例》;(9)《国网安徽省电力有限公司关于进一步加强重要电力用户供电管理的通知》;(10)《国家电网公司关于高危及重要客户用电安全管理工作的指导意见》;(11)《国家电网公司安全隐患排查治理管理办法》;(12)《全能型乡镇供电所标准化作业规范》;(13)《安徽省电力有限公司安全事故信息报送规定》。

17.13　供电所综合业务班(内勤班)班长安全责任

国网××县供电公司供电所综合业务班(内勤班)班长安全责任清单

序号	安全职责	履责要求	履责记录
1	组织建立健全班组安全生产责任制	(1) 对本班组人员在生产作业过程中的安全和健康负责; (2) 组织建立健全班组的岗位安全责任制; (3) 与供电所负责人签订班组安全责任书; (4) 组织制定实现班组年度安全目标的保障措施; (5) 与供电所、班组所有成员签订安全承诺书、“十不干”知晓书	(1) 班组安全责任书; (2) 班组实现年度安全目标保障措施; (3) 班组成员安全承诺书、“十不干”知晓书
2	组织开展班组安全教育培训	(1) 组织制定并实施班组安全教育培训计划; (2) 组织开展班组员工安全生产教育和安全技能培训; (3) 组织对班组新入职人员、转岗人员进行安全教育培训和考试; (4) 组织开展班组安全事故警示教育活动; (5) 班组采用新工艺、新技术、新材料或者使用新设备时,组织班组人员开展专门的安全生产教育和培训; (6) 开展信息安全教育,签订信息安全承诺书,杜绝违规外联等信息安全事件	(1) 年度培训计划; (2) 培训材料(包括课件、人员签名、考试卷、员工培训档案等); (3) 新入职人员、转岗人员培训考试记录; (4) 事故通报学习记录; (5) 新工艺、新技术、新材料或新设备培训记录; (6) 信息安全培训教育记录、信息安全承诺书

续表

序号	安全职责	履责要求	履责记录
3	组织开展压业扩报装的受理、传递、答复和业务收费、后勤管理等综合业务工作、安全管理工作	(1) 组织开展电费收取、资金交存、收费对账及代收费管理等资金安全管理工作； (2) 组织开展日常交通安全教育培训和本所车辆的车况日常检查工作； (3) 组织开展本所防盗、防火、防破坏、防治安灾害事故工作； (4) 组织开展本所环境卫生、食堂卫生安全管理工作； (5) 配合组织开展电力优质服务、安全用电知识宣传和客户满意度调查工作，指导客户安全、规范、合理用电	(1) 现金盘点表、保险柜使用记录； (2) 培训记录、车辆检查维护记录； (3) 消防器材检查记录、相关检查记录； (4) 环境卫生检查记录； (5) 安全用电宣传记录
4	组织开展班组安全管理例行工作	(1) 组织开展年度安全主题活动及各类专项安全检查活动，对查出的问题制定整改计划并监督落实； (2) 组织开展班组安全日活动； (3) 组织开展班组日常检查工作，包括工作环境、安全设施（如消防器材、警示标志、通风装置、氧量检测装置、遮拦等）、设备工器具（如绝缘工器具、施工机具、压力容器等）等	(1) 各安全活动、安全检查总结，安全检查发现的问题及整改情况等； (2) 安全日活动记录； (3) 安全工器具、消防器材检查记录等
5	组织开展班组应急管理工作	(1) 组织开展应急装备物资管理工作； (2) 组织编制本专业现场处置方案； (3) 组织开展应急培训； (4) 组织参加应急救援工作； (5) 组织针对特殊天气、节假日及重要社会活动，落实保电措施方案	(1) 应急装备物资清单； (2) 现场处置方案； (3) 应急培训记录； (4) 应急救援记录； (5) 特殊天气、节假日及重要社会活动落实保电措施和记录

续表

序号	安全职责	履责要求	履责记录
6	组织开展安全（事故）事件、违章管理工作	（1）组织落实电力安全事故（事件）报告制度；不迟报、漏报、谎报或者瞒报； （2）组织开展事故现场保护，配合开展事故调查工作； （3）对本班组发生的事故（事件）、违章开展原因分析及考核	（1）安全事故（事件）即时报告； （2）安全事故（事件）调查报告； （3）违章分析报告及处罚记录

注　履责依据：（1）《中华人民共和国安全生产法》；（2）《中华人民共和国消防法》；（3）《中华人民共和国食品安全法》；（4）《国家电网公司安全工作规定》；（5）《国家电网公司安全职责规范》；（6）《国网安徽省电力有限公司班组安全活动管理办法》；（7）《国家电网公司教育培训管理办法》；（8）《突发公共卫生事件应急条例》；（9）《国网安徽省电力有限公司关于进一步加强重要电力用户供电管理的通知》；（10）《国家电网公司关于高危及重要客户用电安全管理工作的指导意见》；（11）《国家电网公司安全隐患排查治理管理办法》；（12）《全能型乡镇供电所标准化作业规范》；（13）《安徽省电力有限公司安全事故信息报送规定》；（14）《安徽省电力有限公司应急管理工作规定》。

17.14 供电所客户服务班(外勤班)安全责任

国网××县供电公司供电所客户服务班(外勤班)安全责任清单

序号	安全职责	履责要求	履责记录
1	建立健全班组安全生产责任制,落实安全目标责任制	(1) 建立健全班组的岗位安全责任制; (2) 制定并实施实现班组年度安全目标的保障措施; (3) 与供电所及班组所有成员签订安全承诺书	(1) 班组安全责任书; (2) 班组实现年度安全目标保障措施; (3) 班组成员安全承诺书、"十不干"知晓书
2	开展班组安全生产教育、培训、安全日活动	(1) 制定并实施班组安全教育培训计划; (2) 开展班组员工安全生产教育和安全技能培训; (3) 组织对班组新入职人员、转岗人员进行安全教育培训和考试; (4) 开展班组安全事故警示教育活动; (5) 开展信息安全教育,签订信息安全承诺书,杜绝违规外联等信息安全事件	(1) 年度培训计划; (2) 培训材料(包括课件、人员签名、考试卷、员工培训档案等); (3) 新入职人员、转岗人员培训考试记录; (4) 事故通报学习记录; (5) 信息安全培训教育记录、信息安全承诺书
3	开展配网设备检修、装表接电、业扩报装、用电安全检查现场工作	(1) 开展所辖配网设备检修消缺、故障抢修、验收工作,业扩报装现场工作,计量装置、采集设备的装拆及异常查核处理现场工作,以及安全技术措施的落实; (2) 开展电能计量装置重大故障、差错调查与处理,制定反事故措施; (3) 开展安全用电管理和电力设施保护及属地护线工作; (4) 开展用电检查,下发隐患整改通知单并督促用户及时整改	(1) 工作票、派工单、故障抢修记录; (2)JP柜检查记录、计量装置设备巡视记录; (3) 安全用电知识宣传记录、属地电保管理报表、隐患通知书; (4) 用电检查记录及整改记录

续表

序号	安全职责	履责要求	履责记录
4	开展隐患排查治理工作	(1) 开展日常隐患排查治理及专项隐患排查治理活动; (2) 对查出的问题制定整改计划并监督落实	(1) 专项检查方案、隐患排查任务分解表及排查结果; (2) 安全检查中发现的问题及整改情况
5	开展安全管理例行工作	(1) 开展年度安全主题活动等安全活动及各类专项安全检查; (2) 开展班组安全日活动; (3) 落实班前、班后会制度; (4) 开展"两票"管理评价; (5) 开展班组安全工器具、消防、特种设备、特种作业人员、重大危险源、危险物品、临时聘用人员安全管理工作; (6) 开展班组日常检查工作,包括工作环境、安全设施(如消防器材、警示标志、遮拦等)、设备工器具(如绝缘工器具、施工机具等)等	(1) 各安全活动、安全检查总结等; (2) 安全日活动记录; (3) 班前、班后会记录; (4) "两票"评价表; (5) 安全工器具、消防器材检查记录等
6	开展班组应急管理工作	(1) 开展应急装备物资管理工作; (2) 编制本专业现场处置方案; (3) 开展应急培训; (4) 参加应急救援; (5) 针对特殊天气、节假日及重要社会活动,落实保电措施方案	(1) 应急装备物资清单; (2) 现场处置方案; (3) 应急培训记录; (4) 应急救援记录; (5) 特殊天气、节假日及重要社会活动落实保电措施和记录

续表

序号	安全职责	履责要求	履责记录
7	开展安全（事故）事件、违章管理工作	(1) 执行电力安全事故（事件）报告制度；不迟报、漏报、谎报或者瞒报； (2) 开展事故现场保护，配合开展事故调查工作； (3) 对本班组发生的事故（事件）、违章开展原因分析及考核	(1) 安全事故（事件）即时报告； (2) 安全事故（事件）调查报告； (3) 违章分析报告及处罚记录

注　履责依据：(1)《中华人民共和国安全生产法》；(2)《中华人民共和国电力法》；(3)《国家电网公司安全工作规定》；(4)《国家电网公司安全职责规范》；(5)《国家电网公司安全工作规程（配电）》；(6)《国网安徽省电力有限公司班组安全活动管理办法》；(7)《国家电网公司教育培训管理办法》；(8)《电力设施保护条例》；(9)《安徽省电力设施和电能保护实施细则》；(10)《国网安徽省电力有限公司关于进一步加强重要电力用户供电管理的通知》；(11)《国网安徽省电力有限公司营销员工从事客户现场电气作业安全管控实施细则》；(12)《国家电网公司关于高危及重要客户用电安全管理工作的指导意见》；(13)《国网安徽省电力有限公司重要电力客户供用电安全服务管理规定》；(14)《国家电网公司安全隐患排查治理管理办法》；(15)《国家电网公司安全工器具管理办法》；(16)《国家电网公司安全生产反违章工作管理办法》；(17)《安徽省电力有限公司现场作业标准化管控规定》；(18)《国网安徽省电力有限公司安全生产到岗到位管理规定》；(19)《安徽省电力有限公司应急管理工作规定》；(20)《全能型乡镇供电所标准化作业规范》；(21)《安徽省电力有限公司安全事故信息报送规定》。

17.15 供电所客户服务班(外勤)班长安全责任

国网××县供电公司供电所客户服务(外勤)班长安全责任清单

序号	安全职责	履责要求	履责记录
1	组织建立健全班组安全生产责任制	(1) 对本班组人员在生产作业过程中的安全和健康负责; (2) 组织建立健全班组的岗位安全责任制; (3) 与供电所负责人签订班组安全责任书; (4) 组织制定实现班组年度安全目标的保障措施; (5) 与供电所、班组所有成员签订安全承诺书、“十不干”知晓书	(1) 班组安全责任书; (2) 班组实现年度安全目标保障措施; (3) 班组成员安全承诺书、“十不干”知晓书
2	组织开展班组安全教育培训	(1) 组织制定并实施班组安全教育培训计划; (2) 组织开展班组员工安全生产教育和安全技能培训; (3) 对班组新入职人员、转岗人员进行安全教育培训和考试; (4) 组织开展班组安全事故警示教育活动; (5) 班组采用新工艺、新技术、新材料或者使用新设备时,组织班组人员进行专门的安全生产教育和培训; (6) 开展信息安全教育,签订信息安全承诺书,杜绝违规外联等信息安全事件	(1) 年度培训计划; (2) 培训材料(包括课件、人员签名、考试卷、员工培训档案等); (3) 新入职人员、转岗人员培训考试记录; (4) 事故通报学习记录; (5) 新工艺、新技术、新材料或新设备培训记录; (6) 信息安全培训教育记录、信息安全承诺书

续表

序号	安全职责	履责要求	履责记录
3	组织开展配网设备检修、装表接电、业扩报装、用电安全检查现场工作	(1)组织开展所辖配网设备检修消缺、故障抢修、验收工作，业扩报装现场工作，计量装置、采集设备的装拆及异常查核处理现场工作，以及安全技术措施的落实； (2)组织开展电能计量装置重大故障、差错调查与处理，制定反事故措施； (3)组织开展安全用电管理和电力设施保护及属地护线工作； (4)组织开展用电检查，下发隐患整改通知单并督促用户及时整改	(1)工作票、派工单、故障抢修记录； (2)JP柜检查记录、计量装置设备巡视记录； (3)安全用电知识宣传记录、属地电保管理报表、隐患通知书； (4)用电检查记录及整改记录
4	组织开展班组隐患排查治理工作	(1)组织开展日常隐患排查治理及专项隐患排查治理活动； (2)组织对查出的问题制定整改计划并监督落实	(1)专项检查方案、隐患排查任务分解表及排查结果； (2)安全检查发现的问题及整改情况
5	组织开展安全管理例行工作	(1)组织开展年度安全主题活动等安全活动及各类专项安全检查工作； (2)组织开展班组安全日活动； (3)组织落实班前、班后会制度； (4)组织开展“两票”管理评价； (5)组织开展班组安全工器具、消防、特种设备、特种作业人员、重大危险源、危险物品、临时聘用人员安全管理工作； (6)组织开展班组日常检查工作，包括工作环境、安全设施(如消防器材、警示标志、遮拦等)、设备工器具(如绝缘工器具、施工机具等)	(1)各安全活动、安全检查总结等； (2)安全日活动记录； (3)班前、班后会记录； (4)“两票”评价表； (5)安全工器具、消防器材检查记录等

续表

序号	安全职责	履责要求	履责记录
6	组织开展班组应急管理工作	(1) 组织开展应急装备物资管理工作; (2) 组织编制本专业现场处置方案; (3) 组织开展应急培训; (4) 组织参加应急救援; (5) 针对特殊天气、节假日及重要社会活动,落实保电措施方案	(1) 应急装备物资清单; (2) 现场处置方案; (3) 应急培训记录; (4) 应急救援记录; (5) 特殊天气、节假日及重要社会活动落实保电措施和记录
7	组织开展安全(事故)事件、违章管理工作	(1) 组织落实电力安全事故(事件)报告制度;不迟报、漏报、谎报或者瞒报; (2) 组织开展事故现场保护,配合开展事故调查工作; (3) 对本班组发生的事故(事件)、违章开展原因分析及考核	(1) 安全事故(事件)即时报告; (2) 安全事故(事件)调查报告; (3) 违章分析报告及处罚记录

注 履责依据:(1)《中华人民共和国安全生产法》;(2)《中华人民共和国电力法》;(3)《国家电网公司安全工作规定》;(4)《国家电网公司安全职责规范》;(5)《国家电网公司安全工作规程(配电)》;(6)《国网安徽省电力有限公司班组安全活动管理办法》;(7)《国家电网公司教育培训管理办法》;(8)《电力设施保护条例》;(9)《安徽省电力设施和电能保护实施细则》;(10)《国网安徽省电力有限公司关于进一步加强重要电力用户供电管理的通知》;(11)《国网安徽省电力有限公司营销员工从事客户现场电气作业安全管控实施细则》;(12)《国家电网公司关于高危及重要客户用电安全管理工作的指导意见》;(13)《国网安徽省电力有限公司重要电力客户供用电安全服务管理规定》;(14)《国家电网公司安全隐患排查治理管理办法》;(15)《国家电网公司安全工器具管理办法》;(16)《国家电网公司安全生产反违章工作管理办法》;(17)《安徽省电力有限公司现场作业标准化管控规定》;(18)《国网安徽省电力有限公司安全生产到岗到位管理规定》;(19)《安徽省电力有限公司应急管理工作规定》;(20)《全能型乡镇供电所标准化作业规范》;(21)《安徽省电力有限公司安全事故信息报送规定》。

17.16 供电所台区客户经理安全责任

国网××县供电公司供电所台区客户经理安全责任清单

序号	安全职责	履责要求	履责记录
1	严格遵守本单位安全生产职责规范	(1) 严格遵守安全规章制度、操作规程和劳动纪律,不违章作业; (2) 与班长签订安全承诺书、“十不干”知晓书	安全承诺书、“十不干”知晓书
2	参加安全生产教育和岗位技能培训	(1) 参加供电所安全教育培训;掌握紧急救护法,特别是触电急救; (2) 参加信息安全教育,签订信息安全承诺书,杜绝违规外联等信息安全事件	(1) 培训记录(签名、考试卷、考试成绩统计等); (2) 信息安全培训教育记录、信息安全承诺书
3	负责开展隐患排查治理工作	(1) 负责开展日常隐患排查治理及专项隐患排查治理活动; (2) 负责对查出的问题制定整改计划并监督落实	(1) 专项检查方案、隐患排查任务分解表及排查结果; (2) 安全检查发现的问题及整改情况
4	负责开展配网设备检修、装表接电、业扩报装、用电安全检查现场工作	(1) 负责开展所辖配网设备检修消缺、故障抢修、验收,业扩报装现场工作,计量装置、采集设备的装拆及异常查核处理现场工作,以及安全技术措施的落实; (2) 负责开展电能计量装置重大故障、差错调查与处理,制定反事故措施; (3) 负责开展安全用电管理和电力设施保护及属地护线工作; (4) 负责开展用电检查,下发隐患整改通知单并督促用户及时整改	(1) 工作票、派工单、故障抢修记录; (2)JP柜检查记录、计量装置设备巡视记录; (3) 安全用电知识宣传记录、属地电保管理报表、隐患通知书; (4) 用电检查记录及整改记录

续表

序号	安全职责	履责要求	履责记录
5	参加班组安全管理工作	(1) 参加春、秋季安全大检查及各类专项安全检查活动； (2) 参加班组安全日活动； (3) 参加班前、班后会； (4) 参加班组安全工器具、消防等安全管理工作； (5) 参加班组应急管理相关工作	(1) 安全活动、安全检查结果； (2) 班组安全日活动记录； (3) 班前、班后会记录； (4) 安全工器具、消防器材检查记录； (5) 应急管理相关记录

注　履责依据：(1)《中华人民共和国安全生产法》；(2)《国家电网公司安全工作规定》；(3)《国家电网公司安全职责规范》；(4)《国家电网公司安全工作规程(配电)》；(5)《国网安徽省电力有限公司班组安全活动管理办法》；(6)《国家电网公司教育培训管理办法》；(7)《电力设施保护条例》；(8)《安徽省电力设施和电能保护实施细则》；(9)《国网安徽省电力有限公司关于进一步加强重要电力用户供电管理的通知》；(10)《国网安徽省电力有限公司营销员工从事客户现场电气作业安全管控实施细则》；(11)《国家电网公司关于高危及重要客户用电安全管理工作的指导意见》；(12)《国网安徽省电力有限公司重要电力客户供用电安全服务管理规定》；(13)《国家电网公司安全隐患排查治理管理办法》；(14)《国家电网公司安全工器具管理办法》；(15)《国家电网公司安全生产反违章工作管理办法》；(16)《安徽省电力有限公司现场作业标准化管控规定》；(17)《安徽省电力有限公司应急管理工作规定》；(18)《全能型乡镇供电所标准化作业规范》。